AF093923

www.ingramcontent.com/pod-product-compliance
Lightning Source LLC
LaVergne TN
LVHW010608070526
838199LV00063BA/5110
* 9 7 8 9 3 5 8 7 2 4 3 5 6 *

برقِ تبسم

(مزاحیہ مضامین)

مرتبہ:

سید حیدرآبادی

© Taemeer Publications LLC

Barq-e-Tabassum (Humorous Essays)

by: Syed Hyderabadi

Edition: April '2024

Publisher :

Taemeer Publications LLC (Michigan, USA / Hyderabad, India)

ISBN 978-93-5872-435-6

9 789358 724356

مصنف یاناشر کی پیشگی اجازت کے بغیر اس کتاب کا کوئی بھی حصہ کسی بھی شکل میں بشمول ویب سائٹ پر اَپ لوڈنگ کے لیے استعمال نہ کیا جائے۔ نیز اس کتاب پر کسی بھی قسم کے تنازع کو نمٹانے کا اختیار صرف حیدرآباد (تلنگانہ) کی عدلیہ کو ہو گا۔

© تعمیر پبلی کیشنز

کتاب	:	**برقِ تبسم** (مزاحیہ مضامین)
مرتب	:	**سید حیدرآبادی**
بہ تعاون	:	بہار اردو یوتھ فورم
صنف	:	طنز و مزاح
ناشر	:	تعمیر پبلی کیشنز (حیدرآباد، انڈیا)
سالِ اشاعت	:	۲۰۲۴ء
صفحات	:	۷۴
سرورق ڈیزائن	:	تعمیر ویب ڈیزائن

فہرست

(۱)	گھاگ	رشید احمد صدیقی	6
(۲)	پیر ویلنٹائن کی کرامات	احمد حاطب صدیقی	12
(۳)	چاہِ چائے	نادر خان سَر۔گروہ	17
(۴)	لوٹا	یوسف عالمگیرین	20
(۵)	تکیہ کلام	فرحی نعیم	23
(۶)	نیا سال: ہاتھ لا استاد	ڈاکٹر غلام شبیر رانا	28
(۷)	جدید عاشق اور ہوائی قلعے	حافظ مظفر محسن	54
(۸)	بابا جمہورا	غل خان	61
(۹)	آپ ضرور 'ہِٹ' ہونگے	زبیر حسن شیخ	66

گھاگ

رشید احمد صدیقی

گھاگ (یا گھاگھ) کی ہیئت صوتی و تحریری اس کو کسی تعریف کا محتاج نہیں رکھتیں۔ الفاظ کے شکل اور آواز سے کتنے اور کیسے کیسے معنی اخذ کیے گئے ہیں۔ لسانیات کی پوری تاریخ اس پر گواہ ہے۔ کبھی کبھی تلفظ سے بولنے والے کی نسل اور قبیلہ کا پتہ لگا لیتے ہیں۔ گھاگ کی تعریف منطق یا فلسفہ سے نہیں تجربے سے کی جاتی ہے۔ ایسا تجربہ جسے عقلمند سمجھ لیتا ہے۔ بے وقوف برتنا چاہتا ہے۔

گھاگیات کا ایک اصول یہ ہے کہ قضیئے میں فریق سے بہتر قاضی بننا ہے۔ جھگڑے میں فریق ہونا خامی کی دلیل ہے۔ حاکم بننا علقمندوں کا شعار ہے۔ اگر ہر ایجاد کے لیے ایک ماں کی ضرورت ہے تو ہر ضرورت کے لیے ایک گھاگ لازم آتا ہے۔ گھاگ موجود نہ ہوتا تو دنیا سے ضرورت کا عنصر مفقود ہو جاتا اور "طلب محض ہے سارا عالم" کا فلسفہ انسداد توہین مذاہب کے قانون کی مانند ناقص ہو کر رہ جاتا۔ گھاگ کا کمال یہ ہے کہ وہ گھاگ نہ سمجھا جائے۔ اگر کوئی شخص گھاگ ہونے کا اظہار کرے یا بقول شخصے "مار کھا جائے" تو وہ گھاگ نہیں گھاگس ہے اور یہ گھاگ کی ادنی قسم ہے۔ ان میں امتیاز کرنا دشوار بھی ہے آسان بھی۔ جیسے کسی روشن خیال بیوی کے جذبۂ شوہر پرستی یا کسی مولوی کے جذبۂ خدا ترسی کا صحیح اندازہ لگانا۔

گھاگ کی ایک منفرد شخصیت ہوتی ہے وہ نہ کوئی ذات ہے نہ قبیلہ وہ صرف پیدا ہوجاتا ہے لیکن اس کی نسل نہیں چلتی، روایت قائم رہتی ہے۔ ہر طبقہ اور جماعت میں کوئی نہ کوئی گھاگ موجود ہوتا ہے۔ معاشرہ، مذہب، حکومت، غرض وہ تمام ادارے جن سے انسان اپنے آپ کو بناتا بگاڑتا یا ڈرتا ڈراتا رہتا ہے کسی نہ کسی گھاگ کی دستبرد میں ہوتا ہے۔ وہ جذبات سے خالی ہوتا ہے اور اپنے مقصد کے حصول میں نہ جاہل کو جاہل سمجھتا ہے نہ عالم کو عالم۔ دانشمند کے سامنے وہ اپنے احمق اور احمق کے سامنے احمق تر ظاہر کرے گا جب تک وہ اپنے مقاصد میں کامیاب ہو سکتا ہے اس کو یہ پروا نہیں ہوتی کہ دنیا اس کو کیا کہے گی۔ وہ کامیابی ہی کو مقصد جانتا ہے، وسیلے کو اہمیت نہیں دیتا۔

گھاگ کا سوسائٹی کے جس طبقے سے تعلق ہوتا ہے اسی اعتبار سے اس کی گھاگیت کا درجہ متعین ہوتا ہے نچلے طبقے کا متوسط طبقے اور متوسط طبقے کا اعلیٰ طبقے کے گھاگ پر فوقیت رکھتا ہے اس لیے کہ موخرالذکر کو اول الزکر سے کہیں زیادہ سہولتیں میسر ہوتی ہیں۔ یہاں تک کہ وہ گھاگ نہ بھی ہوں جب بھی اپنی دولت اور اثر سے کام نکال سکتے ہیں۔ ان سے کم درجہ والے کو اپنی گھاگیت کے سوا کچھ اور میسر نہیں ہوتا۔ مثلاً گھاگ ہونے کے اعتبار سے ایک پٹواری کا درجہ کسی سفیر سے کم نہیں۔ بشرطیکہ سفیر خود کبھی پٹواری نہ رہ چکا ہو۔

سیاسی گھاگ کو قوم اور حکومت کے درمیان وہی حیثیت حاصل ہوتی ہے جو قمار خانے کے منیجر کو قمار بازوں میں ہوتی ہے۔ یعنی ہار جیت کسی کی نفع اس کا! وہ صدارت کی کرسی پر سب سے زیادہ ہار پہن کر تالیوں اور نعروں کی گونج میں بیٹھتا ہے۔ اور تحریر و تقریر میں پریس اور حکومت کے نمائندوں کو پیش نظر رکھتا ہے۔ کہیں گولی چلنے والی ہو یا دارورسن کا سامنا ہو تو وہ اپنے ڈرائنگ روم یا کوہستانی قیام گاہ کو بہتر و محفوظ تر جگہ سمجھتا

ہے۔اس کے نزدیک قوم کی حیثیت نعش کی ہے۔اس پر مزار تعمیر کرکے نذرانے اور چڑھاوے وصول کیے جاسکتے ہیں۔ لیکن پیش قدمی کی ضرورت ہو تو اسے پاٹ کر راستے ہموار کیے جاسکتے ہیں۔اپنے اغراض کے پیش نظر وہ نوحۂ غم اور نغمۂ شادی میں کوئی فرق نہیں کرتا۔ وہ حکومت سے خفیہ طور پر اور حکومت اس سے علانیہ ڈرتی ہے۔

گھاگ صرف اپنا دوست ہوتا ہے۔ کسی اور کی دوستی پر اعتبار نہیں رکھتا۔ موقع سے فائدہ اٹھاتا ہے موقع کو اپنے سے فائدہ نہیں اٹھانے دیتا۔ کبھی کبھی وہ اپنے کو خطرے میں بھی ڈال دیتا ہے لیکن اسی وقت جب اسے یقین ہوتا ہے کہ خطرے سے اس کو نہیں بلکہ اس سے خطرے کو نقصان پہنچے گا۔ وہ انتہا پسند نہیں ہوتا صرف انتہا پسندوں سے فائدہ اٹھاتا ہے۔ اس کی مثال ایک ایسی عدالتی ملے سے دی جاسکتی ہے جس کی رو سے متضاد فیصلے آسانی سے دیئے جاسکتے ہیں اور وہ فیصلے آسانی سے بحال بھی رکھے جاسکتے ہیں اور توڑے بھی جاسکتے ہیں۔

سیاسی گھاگ فیکٹری کے بڑے پہیے کی مانند ہوتا ہے بظاہر یہ معلوم ہوگا کہ صرف ایک بڑا پہیا گردش کر رہا ہے لیکن اس ایک پہیے کے دم سے معلوم نہیں کتنے اور کل پرزے گردش کرتے ہوتے ہیں۔ کہیں بھاری مشین تیاری ہوتی ہے کہیں نازک ہلکے ہلکے طرح طرح کے آلات۔ کہیں زہر کہیں تریاق کہیں برہنہ رکھنے کے لیے کپڑے تیار ہوتے ہوں گے کہیں بھوکا رکھنے کے لیے خرمن جمع کیا جارہا ہوگا۔ کہیں حفاظت کا کام در پیش ہوگا کہیں ہلاکت کے سامان فراہم کیے جارہے ہوں گے۔ گھاگ بولنے کے موقع پر سوچتا ہے اور چھینکنے کو صرف ایک جمائی پر ختم کردیتا ہے وہ ضابطۂ فوجداری اور کتاب الٰہی دونوں کی طاقت اور کمزوری سے واقف ہوتا ہے۔ آرام کمرے میں بیٹھ کر جیل خانہ پر عذاب جھیلنے والوں سے ہمدردی کرے گا۔ کبھی کبھی وہ ملک الموت کی زد میں نہ ہو۔

وہ حکومت کے خطابات نہیں قبول کرتا لیکن خطاب یافتوں کو اپنے اثر میں رکھتا ہے۔ کونسل اور کمیٹی میں نہیں بولتا لیکن کونسل اور کمیٹی میں بولنے والے اس کی زبان سے بولتے ہیں۔ وہ کبھی بیمار نہیں پڑتا لیکن بیماری اسی طرح مناتا ہے جس طرح دوسرے تعطیل مناتے ہیں اس کا بیمار ہونا در حقیقت اپنی صحت منانا ہوتا ہے۔ وہ ہر طرح کے جرم کا مرتکب ہوتا ہے لیکن ماخود کسی میں نہیں ہوتا۔ جرائم پیشہ ہوتا ہے سزایافتہ نہیں ہوتا۔

مذہبی گھاگ کو مذہب سے وہی نسبت ہے جو بعض نوجوانوں کو اپنے والدین سے ہوتی ہے۔ وہ والدین کو اپنا کمزور اور مضبوط دونوں پہلو سمجھتا ہے۔ ایک طرف تو وہ ان کو حکام کے آستانوں پر حاضر ہو کر مرادیں مانگنے کا وسیلہ سمجھتا ہے دوسری طرف اگر وہ خود تعلیم یافتہ روشن خیال اوراسی طرح کی بیوی کا شوہر ہے اوروالدین ذی حیثیت نہیں ہیں توان کوحکام عالی مقام کے چپراسی سے بھی چھپانے کی کوشش کرے گا۔ ضرورت پڑ جائے گا تو مذہب کا واسطہ دلا کر دوسروں کو ہندوستان سے ہجرت پر آمادہ کرے گا کسی اور موقع پر مذہب ہی کی آڑ پکڑ کر دارالحرب میں سود لینے لگے گا۔ وہ تارک حوالات رہے گا۔ تارکِ لذت نہ ہو گا۔

ایک شخص کا کرداریوں بیان کیا گیا۔ پیش ملا قاضی پیش قاضی ملا۔ پیش ہیچ ہر دو و پیش ہر دو ہیچ۔ یعنی وہ ملّا کے سامنے قاضی بنا رہتا ہے اور قاضی کے سامنے ملّا۔ دونوں میں سے کسی کا سامنا نہ ہو تو دونوں حیثیتیں اختیار کر لیتا ہے اور دونوں موجود ہوں تو کہیں کا نہیں رہتا۔ یہ مقولہ گھاگس پر صادق آتا ہے۔ گھاگ ایسا موقع ہی نہیں آنے دیتا کہ "وہ کہیں کا نہ رہے" گھاگ کی یہ مستند پہچان ہے۔

دفعتاً حاجی بلغ العلیٰ وارد ہوئے اور آتے ہی بے ربط سوالات اور دوسرے اضطراری یا اختیاری اشغال سے ایک دم دھوم مچادی۔ کمرے میں داخل ہونے سے پہلے دور ہی سے

سلام علیکم۔ کمبل بر دوش ریش بداماں، پوچھنے لگے، نظر کیوں نہیں آتے سگریٹ لاؤ۔ پانی منگاؤ، آخر دیر کیا ہے، کھانا کھا چکے ہو، کچھ معلوم ہوا، کمیشن والے آج ٹینس کھیلیں گے یا ڈاکٹر ضیاء الدین صاحب کا بیان لیں گے۔ اچھا کوئی گانا سناؤ۔ "آمد شہزادہ ہے گلشن ہے سارا لکھنؤ!" ایک کرسی پر جا بیٹھے ٹھیک طور سے جگہ نہیں پکڑی تھی کہ کھڑے ہوکر دیوار پر آویزاں تصویر دیکھنے لگے لیکن جیسے تصویر دیکھنا نہیں وقت گزارنا نامداد نظر ہو۔ وہیں سے بات جست کی تو چارپائی پر دراز اور کمبل میں ملفوف چند لمحے کے بعد اٹھ بیٹھے جیسے کوئی بھولی بات یاد آگئی ہو۔ پھر یوں لیٹ گئے جیسے اس چیز کو اس کے ساتھ ساری کائنات کو صبر کر بیٹھے ہوں۔ پانی آیا، فرمایا نہیں دیا سلائی لاؤ۔ وہ آئی تو جلانے کے بجائے اس سے خلال کرنے لگے۔ کچھ کتابیں الٹیں۔ اخبار کے اوراق زیر وزبر کر ڈالے فرمایا یہ سب تو ہوا بتاؤ فلاں صاحب مکان پر ملیں گے۔ اور ہاں تم کچھ لکھ رہے تھے عرض کیا" گھاگ" فرمایا شیطنت سے باز نہ آؤ گے۔ اب دیکھتا ہوں تو حاجی صاحب صحن کے دروازے سے غائب ہوتے نظر آئے۔

جیسا کہ بیان کیا جاسکتا ہے ہر جماعت میں گھاگ ہوتے ہیں۔ یہاں تک کہ فرشتوں میں جب "مسللی و مدام "عبادت ہونے لگی تو مصلحت الٰہی نے آدم کو پیدا کیا۔ فرشتوں کا یہ کہنا کہ یہ صفحۂ ہستی پر فساد پھیلائیں گے گھاگ کی آمد کا پیش خیمہ تھا۔ جس طور پر کٹر ملحد اور دہریے کبھی کبھی کٹر موحد اور متقی ہو جاتے ہیں اسی طور پر فرشتوں کے معصوم طبقے میں ابلیس (گھاگ) پیدا ہوا۔ گدگم چشتی پر آدم وحوا سے باز پرس کی گئی۔ گھاگس تھے گھگھی بندھ گئی۔ اپنی خطا کا اس طرح اعتراف کیا جیسے اس پر ان کو قدرت حاصل تھی۔ گھاگ سے جواب طلب کیا گیا تو اس نے جواب دیا۔

"مجھے آخر کس نے گمراہ کیا" یہ سوال ارتکاب جرم سے زیادہ سنگین تھا۔ گھاگ اور

گھاگس دونوں جلاوطن کئے گئے اوراس جہان میں پھینک دیئے گئے جہاں نبرد آزمائی کے ہر ایک کو مساوی مواقع ملے جس کی طرف اقبال نے اشارہ کیاہے۔

مزی اندر جہان کورذوقے

کہ یزدان داردوشیطان ندارد

***

پیر ویلنٹائن کی کرامات

احمد حاطب صدیقی

14 فروری کو دُنیا بھر کی طرح ہمارے یہاں بھی پیر ویلن ٹائن علیہ ماعلیہ کا عرس سراپا قدس بڑی دھوم دھام سے منایا جاتا ہے۔ سچ پوچھیے تو صرف ہمارے یہاں سب سے زیادہ دھوم دھام سے منایا جاتا ہے۔ لٰہذا ہم اس کالم کے ذریعے سے اپنے یہاں اِس عرس شریف کے دُنیا بھر سے زیادہ کامیاب انعقاد پر اپنی پوری قوم کو تہِ دل سے مبارک باد پیش کرتے ہیں۔'ایں کار از تو آئد و مرداں چنیں کنند'... بلکہ... 'زناں بھی چناں کنند'۔

ہم نے عرس منانے میں دُنیا بھر پر سبقت لے جانے کی جو بات کی ہے تو یہ بات کسی خوش فہمی یا محض اپنی خوش عقیدگی کے سبب نہیں کی ہے۔ امریکا اور برطانیہ وغیرہ میں بھی یہ عرس اتنے تزک و احتشام سے نہیں منایا جاتا جتنا پاکستان کے ٹی وی چینلوں پر دکھایا جاتا اور Face Book وغیرہ پر پھیلایا جاتا ہے۔ مگر ہمارے یہاں یہ عرس جتنی وارفتگی اور جس جوش و خروش سے منایا جاتا ہے، مغرب میں اس کا عشر عشیر بھی نہیں ہوتا۔ وہاں بالفرضِ محال اگر کسی نے یہ عرس منایا بھی ہو گا تو نجی طور پر ہی منایا ہو گا۔ شاید ہوٹلوں میں۔ شاید ریستورانوں میں۔ ('گھر'... تو وہاں رہا ہی نہیں

باعثِ تحریر آں کہ کچھ بزرگوں نے 'ویلن ٹائن ڈے' کو (نعوذ باللہ) 'العنت' اور اِس کے منانے کو (استغفر اللہ) 'نیا فساد' قرار دے ڈالا ہے۔ حالاں کہ کلیہ ُ رئیسانی کی رُو

سے: 'فساد، فساد ہوتا ہے، خواہ پرانا ہو یا نیا'۔ ہم اپنے بزرگوں کا بہت احترام کرتے ہیں مگر کیا کریں کہ اب وہ (اپنی) عمر کے اُس مرحلے میں داخل ہوگئے ہیں جہاں پہنچ کر بقولِ حفیظؔ جالندھری مرحوم:

ہر بُری بات، بُری بات نظر آتی ہے

لہٰذا چند بزرگوں نے شاعری کی درانتی لے کر اس 'فساد' کی 'گہری جڑیں' کاٹنے کی کوشش بھی کی ہے۔ ان بزرگوں میں ہمارے کالموں کے سب سے بزرگ قاری جناب مختار حسین شارقؔ بھی

شامل ہیں۔ شارقؔ صاحب فرماتے ہیں

اپنے کتوں کو سُلاتے ساتھ ہیں
اور ماں ہے اولڈ ہاؤس میں کہیں
ویلنٹائن سے عقیدت ہے انھیں
آج کل اُن کی توجہ ہے یہیں
دھوم سے اس کا منائیں گے یہ دن
ہوگا جو کچھ وہ بتا سکتا نہیں
ایسے بدبختوں کے اس تہوار کو
میڈیا نے کر دیا ہے دل نشیں
آگیا ہے دور کیسا دیکھ لیں
لوگ شارقؔ کی نوا سنتے نہیں

سُن تو لی۔ اور کیسے سنیں؟ مزید کچھ کہہ نہیں سکتے۔ اگلے وقتوں کے ایک اور شاعر مرزا اسد اللہ خان غالبؔ کا حکم ہمیں موصول ہوا ہے کہ:

اگلے وقتوں کے ہیں یہ لوگ انھیں کچھ نہ کہو

سو ہم اِن 'دادا ابّا' کو کچھ نہیں کہتے۔ فقط پیر ویلن ٹائن علیہ ماعلیہ کے فضائل، مناقب اور کرامتیں ہی بیان کرنے پر اکتفا کرتے ہیں۔ تو اے بزر گو! جب تک ہمارے سماج کا نطق پیر ویلن ٹائن علیہ ماعلیہ کے نام سے رُوشناس نہ تھا... عشاق کے... 'تنِ حروف پہ مفہوم کالباس نہ تھا'... اور تب تک ہماری شاعری بہت کچھ چھپاتی تھی۔ محبوب کے آگے کچھ نہ کہہ پاتی تھی۔ عُشّاقِ عُظّام بس فارغ بیٹھے محبوب کے بجائے اپنا کفِ افسوس ملتے رہتے تھے کہ: "دِل میں کتنے مسودے تھے ولے... ایک پیش اُس کے رُوبرو نہ گیا"... القصہ مخت

وہی اپنی فطرت پہ طبعِ بشر تھی
خدا کی زمیں بن جُتی سر بسر تھی

وہ تو کہیے کہ خدا کا کرنا ایسا ہوا کہ پیر ویلن ٹائن علیہ ماعلیہ آگئے۔ آکر وہ اپنے دستِ مبارک سے نہ جانے کتنے ہل چلوا گئے۔ اور کتنی بن جُتی زمینیں جُتوا گئے۔ جب تک ہمارے لوگوں نے پیر ویلن ٹائن علیہ ماعلیہ کا نام نہیں سُنا تھا تب تک ٹرُوں ٹوں محض وارث شاہؒ اور بلھے شاہؒ وغیر ھم کے عرس منایا کرتے تھے۔ خواجہ فریدؒ وغیرہ کی کافیاں گایا کرتے تھے ۔ بنیاد پرستی و رجعت پسندی کی حد دیکھیے کہ اِنھی 'غیر ماڈرن' پیروں فقیروں پر فخر بھی فرمایا کرتے تھے۔ احسان دانش مرحوم 'دیہات کی صبح' کا منظر کھینچتے ہوئے اپنی دانش کے مطابق بس اسی کو نہایت پُر کیف عاشقانہ اور رومانی منظر سمجھ کر خوش ہولیا کرتے تھے کہ

وہ جنھیں کچھ ہیر کا قصہ زبانی یاد ہے
اُن کی پُر تاثیر تانوں سے فضا آباد ہے

ہمارے محبوب شاعر محترم ناصرؔ زیدی کے نام اُن کے محبوب کی طرف سے اگر... 'کبھی بسے ہوئے خوش بو میں نامے آتے تھے'... تو وہ بچارے بھی (محبوب کی ٹی شرٹ پر لگے ہوئے پرفیوم یا بازار سے خرید کر اُس کے دیے ہوئے گلاب کے بجائے) اُسی کو سونگھ کر خوش ہو جایا کرتے تھے۔ پیر ویلن ٹائن علیہ ماعلیہ کی دکھائی ہوئی راہِ عشق کے مقابلے میں ہمارے صوفیوں کا عشق بڑا افسردہ تھا۔ 'صوفی مومن و اشتراکی مسلم' حضرت مولانا حسرتؔ موہانی اپنے مریدوں کو 'باصفا' رہنے کی تلقین یوں کیا کرتے تھے

شیوۂ عشق نہیں حسن کو رُسوا کرنا
دیکھنا بھی تو اُنھیں دُور سے دیکھا کرنا

'ویلن ٹائن کارڈ' کا تو دور دور تک تصور بھی نہ تھا، پس اگر محبوب کا خط بھی مل جاتا تھا تو اُس سے کسی پارک میں جا کر مل لینے کے بجائے بس یہ جواب بھجوا کر رہ جایا کرتے تھے کہ :

پڑھ کے تیرا خط مرے دِل کی عجب حالت ہوئی
اضطرابِ شوق نے اِک حشر برپا کر دیا

پھر سب سے بڑا فرق یہ پیش آیا کہ پیر ویلن ٹائن علیہ ماعلیہ کے تشریف لانے سے قبل ہماری ساری عشق و عاشقی محبوب کو 'قیدِ شریعت' میں لانے تک طویل ہوا کرتی تھی (آج کل تو پوری قوم کو 'قیدِ شریعت' میں لانے کی کوشش کی جارہی ہے) اور آپ تو جانتے ہی ہیں کہ :

عاشقی قیدِ شریعت میں جب آجاتی ہے
جلوۂ کثرتِ اولاد دکھا جاتی ہے

جب کہ پیر ویلن ٹائن علیہ ماعلیہ کے آنے کے بعد سے عاشقی محبوب کو لسیتا وھائٹ'

بنا جاتی ہے۔ اس سے قبل عشاقِ کرام اگر کسی روشن خیال، وسیع المشرب، لبرل اور پروگریسو شاعر کی دُختر سے بھی عشق فرماتے تھے تو اُنھیں اُس سے عقدِ اوّل، ثانی، ثالث یارابع کر کے تمام عمر محبوب کے نان و نفقہ اور اپنے کیے کرائے کا بوجھ اُٹھانا پڑتا تھا۔ پیر ویلن ٹائن علیہ ماعلیہ کے آنے کے بعد سے یہ سہولت حاصل ہوگئی ہے کہ بیٹی اگر کسی دل پھینک شاعر کی بھی ہو تو آپ اُسے 'گراں بارِ محبت' کر کے روپوش ہو جایئے۔ باقی معاملات عاصمہ جہانگیر سنبھال لیں گی۔

***

چاہِ چائے

نادر خان سَر۔گروہ

ایک شام ۔۔۔ چائے پر ہمارے ایک دوست کالی چائے کی شان میں قصیدے پڑھنے لگے کہ اِس کے پینے سے "یہ" فائدے ہوتے ہیں اور "وہ" نقصانات نہیں ہوتے۔ اُنھوں نے آسٹریلیا میں کی گئی ایک ریسرچ کا حوالہ بھی دیا۔ جس کے مطابق، دن میں کم ازکم تین پیالی کالی چائے پینے کا مفت مشورہ دیا گیا ہے۔ وہ جس انداز میں کالی چائے کی نہر پر تعریفوں کے پُل باندھ رہے تھے، ہمیں شک ہونے لگا کہ کہیں وہ دودھ کے جلے نہ ہوں۔ وجہ جو بھی ہو، ہمیں اِن کی چائے میں کچھ کالا نظر آیا۔ اب تک تو ہم سبز چائے کے متعلق سنتے آئے تھے کہ بلڈ پریشر اور کولیسٹرول کو کنٹرول کرتی ہے۔ ہارٹ اَٹیک کے خطرے سے محفوظ رکھتی ہے۔ لیکن یہ کالی چائے کی تعریف؟۔۔۔ حلق سے نہیں اترتی۔

بڑے شہروں اور اُس کے اَطراف میں رہنے والے لوگ جب تک چائے سے اپنا منہ نہ جلالیں، اُن کی آنکھیں نہیں کھلتی۔ بلکہ بعضوں کو تو ہر گھنٹے آنکھیں کھولنے کی ضرورت پڑتی رہتی ہے۔ وہ رات گئے ۔۔۔ آنکھیں بند ہونے تک چائے کی چسکیاں لیتے رہتے ہیں۔

بعض لوگ ۔۔۔ بیڈ ٹی (Bed tea) کے بھی عادی ہوتے ہیں۔ ہمارے دوست پُر جوش پوری اپنی اصطلاح میں اِسے ویری بیڈ ٹی (Very bad tea) کہتے ہیں۔ اِن بیڈ

(ٹی) بائز کا بس چلے تو خوابوں میں بھی چائے کا شوق پُورا کریں۔ یعنی آنکھ کھُلنے سے پہلے ۔۔۔ڈریم ٹی (Dream tea)۔ جب ایسے لوگوں سے کہا جائے کہ جناب! پہلے منہ تو دھو لیں۔ تو کہتے ہیں، "شیر کبھی منہ نہیں دھوتے۔" ہم کہتے ہیں، شیر تو کیا؟۔۔۔ گدھے بھی منہ نہیں دھوتے۔

چائے اور دودھ کا۔۔۔ کم از کم برصغیر میں چولی دامن کا ساتھ ہے۔ (چولی دامن جیسی مثال برّصغیر کے علاوہ اور کہاں)۔ بھلے ہی دودھ میں دودھ نہ ہو، لیکن چائے میں دودھ ہونا چاہیے۔ دودھ کے ساتھ چائے پکانے کا ایک بڑا فائدہ یہ ہے کہ اُس میں چائے کا انتظار طویل ہو جاتا ہے۔ یعنی چائے کے مزے میں انتظار کا مزہ بھی شامل ہو جاتا ہے۔

چائے اور پانی کا بھی اٹوٹ بندھن ہے۔ پانی کے بغیر چائے۔۔۔ چائے نہیں۔ اور 'چائے پانی' کے بغیر تو دُنیا کے کام بھی آگے نہیں بڑھتے۔

چائے اور Cookery (کھانا پکانے کی ترکیب) کا بھی عجیب تعلق ہے۔ تیکھا ہو کہ میٹھا، کوئی پکوان ایسا نہیں ہوتا، جس میں چائے کے چمچے نہیں ڈالے جاتے۔ وہ اس طرح کہ:

لال مرچ۔۔۔۔ ایک چائے کا چمچہ
زیرہ پاؤڈر۔۔۔۔۔۔ دو چائے کے چمچے
کھانے کا سوڈا۔۔۔۔ ایک چائے کا چمچہ

صُبح کی چائے اور اخبار میں بھی کھٹا میٹھا رشتہ ہے۔ اخبار کے ساتھ چائے پینے کا یہ فائدہ ہے کہ اگر چائے ضرورت سے زیادہ میٹھی ہو تو اخبار اُس کی مٹھاس کو کم کرنے میں معاون ثابت ہوتا ہے۔ چائے سے آنکھ کھُلے نہ کھُلے اخبار کی سرخیوں سے کھل جاتی ہے۔ کبھی کبھار، اخبار کھولتے ہی افسوس ہوتا ہے کہ میں نے آنکھیں کھولی ہی کیوں؟

بوسٹن کا ذکر آتا ہے تو وہاں کی ٹی پارٹی کی یاد ذہن میں تازہ ہو جاتی ہے۔ جب ہزاروں کالونِسٹ نے برطانوی حکومت کی ناانصافی پر مبنی ٹیکس پالیسی کے خلاف احتجاجاً تین جہازوں پر لدے چائے کے بکسے، بوسٹن کی بندرگاہ پر اُلٹ دیے تھے۔ یہ واقعہ امریکا کی انقلابی لہر میں ایک ٹرننگ پائنٹ ثابت ہوا۔ بوسٹن کے واقعہ پر ہمارے ہمزاد پُرجوش پُوری کہتے ہیں۔ یوں بھی چائے کو 'گھوم پھِر کر' سمندر میں ہی جانا تھا۔

ٹیسٹ کرکٹ میں بھی چائے دوہرا کردار اَدا کرتی ہے۔ اکثر۔۔۔ ٹی بریک کے بعد کا سیشن (Session) بڑا غیر یقینی ہوتا ہے۔ شام کو چائے کے بریک سے لَوٹنے کے بعد فیلڈر چُست اور بلّے باز سُست لگنے لگتے ہیں۔ وہ اگلے دن کے لیے وکٹ بچانے کی کوشش میں کوئی کوشش کرتے نظر نہیں آتے۔ جب کہ فیلڈنگ سائڈ۔۔۔ اٹیکنگ (Attacking) اور ایگریسیو (Agressive) ہو جاتی ہے۔ شاید انتظامیہ، فریقین کو دو مختلف اقسام کی چائے پلاتی ہے۔ یعنی فیلڈروں کو چائے 'برائے غضب' اور بلے بازوں کو۔۔۔ چائے برائے ادب۔

کہتے ہیں کہ سب سے بہترین چائے، سطحِ سمندر سے تین ہزار فٹ کی بلندی پر اُگتی ہے۔ چائے کی کاشت کے لیے اِنتہائی سرد آب ہوا کی ضرورت ہوتی۔ کتنی عجیب بات ہے! ٹھنڈ میں وجود پانے والی چیز۔۔۔ وجود۔۔۔ کو گرمانے کے کام آتی ہے۔ بھارت، چین اور سری لنکا کو یہ شرف حاصل ہے کہ وہ پوری دنیا کی چائے سے تواضع کرتے ہیں۔ بلکہ مغربی ممالک کو اِتنا چُست رکھتے ہیں کہ وہ ہمہ وقت 'اُن کے' افعال و اعمال پر کڑی نظر رکھ سکیں۔

***

لوٹا

یوسف عالمگیرین

لوٹا شائد اُن چند ایک مصنوعات میں سے ہے جو مذہب اور سیاست دونوں شعبوں میں یکساں مقبول ہے۔ عوام لوٹے کے بغیر ایک دن بھی نہیں گزار سکتی۔ لوٹا اکثر اوقات سلور، پیتل اور مٹی سے بنایا جاتا ہے۔ لوٹا اپنی تشکیل سے پہلے پہلے جس بھی کیفیت میں چاہے رہ سکتا ہے لیکن ایک مرتبہ جب وہ لوٹا بن جائے پھر کم از کم عزت کے ساتھ واپسی کے امکانات ختم ہو جاتے ہیں۔

لوٹا ضروری نہیں ایک ٹوٹی والا ہی ہو۔ مٹی کے بنے ہوئے بعض لوٹے دو ٹوٹیوں والے ہوتے ہیں لیکن ان کی ٹوٹیاں اتنی بے ضرر اور اتنی چھوٹی ہوتی ہیں کہ انہیں ٹٹول کر دیکھا جاتا ہے۔ لوٹے میں دو ٹوٹیاں ہوں تو اس کا کم از کم ایک فائدہ ضرور ہے کہ یہ معلوم ہوتا اصل میں لوٹا ہے کس کی طرف۔ گویا ہر پارٹی سمجھتی ہے کہ یہ لوٹا ہمارا ہے۔ لیکن وہ لوٹا کسی کا تو کیا اپنا بھی نہیں ہوتا۔

لوٹے کی افادیت کثیر الجہتی ہوا کرتی ہے کہ نہ صرف یہ کہ لوٹا اونٹ کی طرح کسی کروٹ بھی بیٹھ سکتا ہے بلکہ لوٹا چور پکڑنے کے کام بھی آتا ہے۔

لوٹے کا کمال ہے کہ وہ چور تو پکڑ لیتا ہے لیکن خود کبھی نہیں پکڑا جاتا۔ لوٹا جب کوئی چوری پکڑنے کے لئے میدان عمل میں آتا ہے چوروں میں تھر تھلی مچ جاتی ہے وہ لوٹا خود

اندر سے انتہائی ٹوٹ پھوٹ کا شکار ہوتا ہے کہ اس کے اندر چور ہوتا ہے۔ گویا جس طرح پیٹ کے اندر اڑھی ہوتی ہے اسی طرح لوٹے کے اندر چور ہوتا ہے۔ لیکن اس کے اندر کا چور باہر کے چوروں کے ساتھ ڈیلنگ اور ٹک مکا کا اتنا ماہر ہو چکا ہوتا ہے کہ وہ چھوٹی موٹی ہیرا پھیری کرتے ہوئے نہیں چوکتا۔

لوٹے کی ایک خوبی جو اسے دیگر مصنوعات سے ممتاز کرتی ہے کہ وہ بلاامتیاز سب کی خدمت کے لئے آمادہ دکھائی دیتا ہے۔ اسے واش روم میں رکھ دیں تب خوش۔ اسے صرف وضو کے لئے گھر کے کونے میں رکھ چھوڑیں تب بھی اس کی پیشانی پر کوئی بل نہیں پڑتے یا پھر اسے ہاتھ میں تھامے شہر سے یا کسی گاؤں سے دور نکل جائیں وہ بخوشی ہم سفری قبول کرتا ہے۔ لوٹا فطری طور پر آزاد منش

واقع ہوا ہے۔ لیکن ریلوے حکام نجانے لوٹوں سے کیوں نالاں ہیں کہ انہوں نے ٹرینوں میں لوٹوں کو زنجیر سے باندھ کر رکھا ہوتا ہے۔ لوٹا پلاسٹک' سلور' تانبا' لوہا' مٹی ہر شکل میں ڈھل جاتا ہے۔ اسی لئے لوٹا بہت مقبول ہوتا ہے۔ لوٹے کے کسی محفل میں داخل ہوتے ہی لوگوں کے چہرے دمک اٹھتے ہیں اور وہ لوٹا آگیا لوٹا آگیا۔ کا نعرہ مستانے بلند کرتے ہوئے لوٹے کا استقبال کرتے ہیں۔

لوٹوں کی مختلف اوقات میں مختلف قیمت لگتی ہے۔ لوٹے کی قیمت دس دس' بیس بیس' چالیس چالیس روپوں سے چالیس چالیس کروڑ بھی لگتی ہے۔ لیکن چالیس کروڑ کا لوٹا کوئی کوئی مائی کا لال ہوتا ہے۔ وہ کم قیمت لگنے پر لال پیلا بھی ہو جاتا ہے۔ لوگ اسے جو بھی کہیں اسے اس کی فکر نہیں ہوتی۔ لیکن جو اُس کی بولی لگا رہا ہوتا ہے اس کے لئے وہ کوہ نور ہیرے سے کم نہیں ہوتا۔

گویا لوٹا چاندی بھی ہے' لوٹا سونا بھی ہے اور لوٹا ہیرا بھی ہے لیکن ایک لوٹا مٹی بھی

کہ وہ مٹی ہی سے بنا ہوتا ہے۔ اور اس نے لوٹ کر اسی مٹی میں جانا ہوتا ہے۔ جو لوٹا اپنی مٹی سے تعلق نہیں توڑتا اس کی شان ہی نرالی ہوتی ہے۔ اس کی خوشبو ہی منفرد ہوتی ہے۔ اس میں گرم تپتا ہوا پانی بھی ڈالیں تو کچھ لمحوں بعد وہ ٹھنڈا ہو جاتا ہے۔ الغرض لوٹے کی تاثیر ٹھنڈی ہوتی ہے کہ لوٹا خیرِ کثیر ہوتا ہے۔ لوٹا صرف ووٹ ہی نہیں حوصلے بھی بڑھاتا ہے۔ بعض اوقات ایک لوٹا آنے سے کہانی کا رُخ ہی بدل جاتا ہے' پانسے پلٹ جاتے ہیں۔ بہر کیف لوٹا اگر ایک گروہ کے لئے خوشی کا باعث ہے تو دوسروں کو چھوڑ کر آنا بھی شائد اس کے لئے دکھ کا باعث نہ ہوتا ہو جن کو وہ چھوڑ کر آتا ہے ان کے لئے غم کا ایک کوہ گراں بن جاتا ہے۔ لوٹے کی زندگی میں غم اور ندامت رچی بسی معلوم ہوتی ہے کہ لوٹا جتنا بھی بارعب ہو اس کی آنکھیں پیچھے چھوڑ کر آنے والوں کا سامنا نہیں کر پاتیں۔ لیکن لوٹا تو لوٹا ہوتا ہے۔ وہ کیا کرے کہ اس کی اگر آنکھیں دو ہیں تو ٹوٹیاں بھی دو ہوتی ہیں۔ جو اسے نت نئ سمتوں کا تعین کرنے کے لئے بے تاب رکھتی ہیں۔

ہم تو یونہی چلتے رہیں گے
جلنے والے جلتے رہیں گے

***

تکیہ کلام
فرحی نعیم

"کیا آپ کا کوئی تکیہ کلام بھی ہے؟" ہم نے اُن سے سوال کیا (غلطی سے، اور یہ غلطی اب زندگی کی چند بڑی غلطیوں میں شمار کی جائے گی)۔ "جی یہ تکیہ کلام کیا ہوتا ہے؟" انہوں نے معصومانہ سی بلکہ مسکین سی صورت بنا کر الٹا ہم سے دریافت کیا تھا۔ اصل میں پوچھنا تو ہم اُن سے اُن کا تخلص چاہتے تھے لیکن اُن کے ارد گرد پھیلے بکھرے کئی تکیے دیکھ کر منہ سے بے اختیار تکیہ کلام نکل گیا۔

"تکیہ کلام؟ تکیہ کلام، تکیہ کلام ہوتا ہے۔" ہم جواب میں گڑ بڑا کر بے تکا بول گئے۔ خدا جانے وہ کیا سمجھے اور کیا نہ سمجھے لیکن اس سے ایک لاحاصل گفتگو کا ضرور آغاز ہو گیا تھا (جو ہمارے برے دنوں میں سے یقیناً ایک تھا)۔

"اجی یہ وہ تکیہ تو نہیں جس پر ٹیک لگا کر یا بیٹھ کر کلام کیا جاتا ہے یا لیٹ کر یا......" وہ کچھ اٹکے۔

"جی نہیں ایسا کچھ نہیں ہے۔" ہم نے بے زاری سے جواب دیا۔

"اوہو تو یہ یقیناً وہ تکیہ ہے جس پر کھڑے ہو کر..." لیکن ہمارے چہرے کے تاثرات دیکھ کر انہیں مزید پیش قدمی کی جرأت نہ ہوئی۔

"اچھا اچھا اب سمجھے! جی یہ وہی تکیے ہیں نا جو ہمارے گھر میں بکثرت پائے جاتے

ہیں!"

"کیا مطلب؟" اب چونکنے کی باری ہماری تھی۔

"ہاں ہاں! اصل میں ہمیں کچھ عادت ہے۔ یونہی سی، کچھ تک بندی کر لیتے ہیں۔ تو جناب ہماری بیگم نے کاغذ پینسل تو ہم سے چھپا دیے، بقول اس عقل سے نابلد خاتون کے، کہ ہم بلاوجہ کاغذ سیاہ کرتے ہیں اور ضائع کر دیتے ہیں۔ یہی کاغذ اور کاپیاں بچوں کے کام آتے ہیں۔ اب اس عقل کی پوری کو کون سمجھائے، چنانچہ اس کے ساتھ مغزماری کرنے کے بجائے ہم نے یہ ترکیب نکالی کہ جو تکیے ہمارے زیر استعمال تھے ان پر اپنا کلام قلمبند کرنے لگے۔" وہ سانس لینے کے لیے جو رکے تو ہم نے فوراً ہی ایک سوال داغا:

"تو کیا وہ تمام تکیے ان کی نظر سے نہیں گزرے اب تک؟"

"بھئی تم نے سنا نہیں کہ وہ تکیے جو ہمارے زیر استعمال رہتے ہیں۔"

"تو بھلا کتنے تکیے آپ کے زیر استعمال ہیں؟" ہم متحیر تھے۔

"یہی کوئی..." وہ سوچنے لگے۔

"آٹھ، دس؟" ہم جلدی سے بولے۔

"ارے نہیں۔" وہ ہنسے

"تو کیا دس، بارہ؟" ہم نے بے تابی سے اگلا سوال پوچھا۔

"نہ، نہیں"

"کیا اس سے بھی زیادہ؟"

"اجی صرف پانچ۔" وہاں سے جواب آیا تو ہم نے بھی سینے میں اٹکی سانس بحال کی۔

"بس ہم تحریر کرتے جاتے ہیں اور ان پر واپس پہلے والا غلاف چڑھاتے چلے جاتے ہیں تاکہ دشمن سے محفوظ رہیں۔"

"دشمن؟ اوہ اچھا!"

ہم دیر میں سمجھے۔ "یعنی اوپری غلاف کے اندر جتنے غلاف ہیں وہ سب کلیات ہیں اور محفوظ بھی۔ تو آپ نے اپنا کلام کسی اخبار، رسالے میں کیوں نہ بھیجا تاکہ شائع ہو جائے اور سند رہے اور محفوظ بھی ہو جائے زیادہ بہتر حالت میں۔" (ہمارا اشارہ ان غلافوں پر لکھی تحریر کی طرف تھا)

"اجی، کیا بات کرتے ہیں، آپ کے خیال میں ہم نے اپنا نادر کلام کسی اخبار، رسالے میں نہ ارسال کیا ہو گا؟"

"تو پھر؟"

"اجی پھر کیا، پھر سے پھُر" وہ بے زار تھے۔

"چلیں پھُر ہی سہی، لیکن پھر بھی وہاں سے کیا جواب آیا؟ کیا اخبار میں آپ کا کلام شائع ہوا؟ اور ہوا تو کس اخبار یا رسالے زینت بنا اور کب؟" ہمارے پے در پے سوالوں کے جواب میں وہ گویا ہوئے:

"بس کیا پوچھتے ہو، کوئی ایسا ویسا جواب آیا! اجی پہلے جو جواب آیا تو ہم پھر بھی نہ مانے اور لگاتار کلام دل پسند..."

"دل پسند؟" ہم نے ان کی بات کاٹی۔

"یہ ہم نے اپنے کلام کو عنوان دیا تھا۔ ہاں تو لگاتار بھیجتے رہے، پھر انہوں نے جو جواب دیا وہ آج بھی یاد ہے۔" انہوں نے دور کہیں خلا میں تکتے ہوئے کہا۔

"ہاں ہاں تو بتایئے نا وہ یادگار جواب۔" ہم مشتاق ہوئے۔

"اجی جواب میں دو بندے بھیج دیے اس تنبیہ کے ساتھ کہ خبردار آئندہ کچھ بھیجنے کی کوشش کی تو کچھ زیادہ اچھا نہ ہو گا ہمارے ساتھ، اور تو کچھ نہیں کریں گے بس سیر کروا

دیں گے۔" وہ جلے کٹے لہجے میں کہہ رہے تھے۔

"کہاں کی؟" ہمارا منہ کھلا۔

"اجی دوسری دنیا کی۔" وہ منہ بنا کر بولے تو ہمارا منہ کھلا کا کھلا ہی رہ گیا۔

"پھر؟"

"اجی پھر کیا" وہ جل کر بولے "پھر آئندہ جسارت نہ کی اس رسالے میں بھیجنے کی۔ بقول اس عقل کی پوری، میر امطلب ہے ہماری بیگم صاحبہ کے، نری وقت کی بربادی ہے یہ۔ لہٰذا اپنا کلام ہم ضبطِ تحریر میں تو ضرور لاتے ہیں لیکن صرف اپنے تکیوں پر، اور ایک راز کی بات بتائیں، بھیجتے اب بھی کبھی کبھی ہیں اخباروں میں، باز نہیں آنے والے۔" آخری جملہ انہوں نے تقریباً ہمارے کان میں گھس کر کہا۔

"تو چھپا کیا؟"

"اجی خاک"

"کیا مطلب؟" ہم ہونق ہوئے۔

"ٹھیرو میں تمہیں لا کر دکھاتا ہوں وہ تمام تکیہ کلام"۔ انہوں نے کمرے سے باہر نکلتے ہوئے کہا۔ اور جس تکیہ کلام کے بارے میں بڑے بڑے اشاعتی ادارے اپنی مستند رائے دے چکے، اس پر ہم ناچیز کس کھیت کی مولی ثابت ہوتے! لہٰذا وہاں سے نو دو گیارہ ہونے ہی میں ہم نے عافیت جانی۔ لیکن یہ کیا؟ شکاری ماہر تھا شکار پھنسانے میں۔ وہ دروازہ باہر سے مقفل کر کے گئے تھے تاکہ ہاتھ آئی مچھلی پھسل نہ جائے اور اِدھر ہم پیچ و تاب کھا کر رہ گئے۔

پھر انہوں نے (بقول ان کے تک بندی کا) سلسلہ کلام کا آغاز کیا اور یہ نہ جانے اٹھارویں تک بندی تھی یا انیسویں کہ بیسویں، ہم بلبلا گئے تھے اور تڑپ تڑپ رہے تھے،

جس کے جواب میں وہ بڑی شاطرانہ مسکراہٹ سے گویا ہوئے تھے:

"ارے ہمارا کاٹا تو پانی بھی نہیں مانگتا۔"

"ارے ہم گئے، مجھے ہارٹ اٹیک ہو رہا ہے۔ کوئی ڈاکٹر کو بلائے "ہم چلاّئے۔

"اجی کچھ نہیں ہو گا، میرے تکیہ کلام سے ہارٹ اٹیک نہیں ہوا کرتا۔"

"تو کیا نروس بریک ڈاؤن ہوتا ہے؟" ہم نے بے بسی سے مٹھیاں بھینچ کر کہا۔

"اس سے ڈائریکٹ ہارٹ فیل ہوتا ہے۔" یہ آواز دوسری طرف سے آئی تھی۔ ہم نے جو بائیں طرف دیکھا تو وہاں وہ عقل کی پوری، یعنی بیگم تکیہ کلام براجمان تھیں۔ ہم نے خوفزدہ نظروں سے ان کے تیور دیکھے جو بڑے خطرناک تھے۔

"اجی یہ آپ کیوں مخل ہوئیں ہماری محفل میں۔" وہ عینک ناک پر جماتے ہوئے بولے۔

"تاکہ اس میں رنگ بھر دوں۔" وہ غرائیں اور پھر ہماری طرف متوجہ ہو کر بولیں "اس سے تو میں نپٹ لوں گی، تم تو نکلو یہاں سے اس سے پہلے کہ سچ مچ کسی ڈاکٹر کو بلانا پڑ جائے اور تم کو اسپتال پہنچانا پڑ جائے۔" محترمہ اکڑ کر طنزیہ بولیں، پھر مزید گویا ہوئیں "کیا یاد کرو گے کس سخی سے پالا پڑا تھا۔"

اور پھر ہم نے وہاں سے دوڑ لگانے میں زیادہ دیر نہ لگائی۔ پیچھے پھر کیا ہوا؟ شنید ہے کہ وہ سارے تکیہ غلافوں پر تحریر کلام سپردِ نار کر دیا گیا کیونکہ آئندہ انہوں نے پھر کسی کو اپنی تک بندی (غزل یا نظم) گوش گزار کرنے کی جہد نہ کی اور بقیہ زندگی اس شغل سے تائب ہونے کا عہد دے کر (عقل کی پوری کو) پرچوں کی دکان پر آٹے دال کا بھاؤ معلوم کرنے لگے۔

***

نیا سال: ہاتھ لا استاد

ڈاکٹر غلام شبیر رانا

ہاتھ ہے اللہ کا بندہء مومن کا ہاتھ غالب و کار آفریں، کار کشا و کار ساز

کئی دنوں سے ہاتھ پر ہاتھ دھرے منتظر فردا تھا کی اچانک میرے دائیں ہاتھ کی جانب سے پروفیسر منظور حسین سیالوی ہاتھ لہراتے ہوئے نمودار ہوئے۔ وہ اس قدر باغ و بہار شخصیت کے مالک ہیں کہ ان کو دیکھتے ہی خوشی سے ہاتھ پاؤں پھول جاتے ہیں۔ وہ کئی کتب کے مصنف ہیں۔ ان کی تخلیقی فعالیت کے بارے میں کانوں کان خبر نہیں ہوتی مگر ان کی تصانیف کو لوگ ہاتھوں ہاتھ لیتے ہیں۔ جب ماحول کی سفاکی کے باعث مہیب سناٹے اور جان لیوا تاریکیاں نوشتہ تقدیر کی صورت مسلط ہو جائیں اور ہاتھ کو ہاتھ سجھائی نہ دیتا ہو تو ایسے صاحب بصیرت لوگ باتوں باتوں میں ایسی دانائیاں سجھا دیتے ہیں کہ لاتوں کے بھوت بھی اپنی اوقات سے آگاہ ہو جاتے ہیں۔ آج وہ ہاتھوں میں کاغذ اور قلم تھامے ننگ انسانیت لوگوں سے دو دو ہاتھ کرنے کے موڈ میں تھے۔ وہ جب گفتگو کرتے ہیں تو ان کی باتوں سے پھول جھڑتے ہیں، کسی کام میں ہاتھ ڈالیں تو ہتھیلی پر سرسوں جمانا ان کے بائیں ہاتھ کا کھیل ہے اور ہر سارق، کفن دزد اور چربہ ساز کو آئینہ دکھانا ان کے دائیں ہاتھ کا کھیل ہے۔ جعل سازی سے قد آور بننے والے ہر متفنی کی ہف وات اور مکر کا پردہ فاش کر کے اسے بونا بنا دیتے ہیں اور اگر جوہر قابل کی پذیرائی کی ٹھان لیں اور مٹی میں

ہاتھ ڈالیں تو اسے سونا بنا دیتے ہیں۔اپنی ہر عظیم الشان کامیابی پر ہاتھ لہرانا اور ہر ظالم کا ہاتھ مروڑنا اور فسطائی جبر کی گردن پر اپنے ہاتھ کی گرفت مضبوط کر کے اسے توڑنا ان کے بائیں ہاتھ کا کھیل ہے۔ ان کی شخصیت کے متعدد روپ ہیں جو لوگ ان کے ہاتھوں میں ہاتھ ڈال کر چلتے ہیں ان کے لیے وہ دیدہ و دل فرش راہ کر دیتے ہیں مگر اجلاف وارزال اور سفہا سے وہ کئی ہاتھ کے فاصلے پر رہتے ہیں۔ مجھ ناتواں پر ان کی عنایات اور التفات میرے استحقاق سے بھی بڑھ کر رہیں۔ان کے ہاتھوں مجھے ہمیشہ اپنائیت کی نوید ملی ہے۔وہ اس قدر خوش خصال ہیں کہ ان کی صحبت میں گزرنے والے طویل لمحات بھی پلک جھپکتے میں گزر جاتے ہیں۔ کئی لوگ انھیں صاحب باطن ولی کا درجہ دیتے ہیں۔ کئی ظاہر بین مشکوک نسب کے درندے ہمیشہ ان کے درپئے آزار رہتے ہیں اس کا سبب یہ ہے کہ جن لوگوں کا بربادیءگلستاں میں ہاتھ ہوتا ہے سیالوی صاحب انھیں آڑے ہاتھوں لیتے ہیں ۔معاشرے میں نہ تو کوئی دیوتا ہے اور نہ ہی کوئی فرشتہ ہے۔وہ لوگ جن کی گھٹی میں الزام تراشی ،بہتان طرازی اور غیبت پڑ گئی ہے ،وہ ان کی تر دامنی کے من گھڑت واقعات سنا کر دل کے پھپولے پھوڑتے ہیں۔سادیت پسندی کے مریض اور خفاش منش انسانوں کے ہاتھوں کسی کی پگڑی محفوظ نہیں۔ایسے خارش زدہ سگان آوارہ جو جاہ و منصب کی ہڈی کی تلاش میں کوڑے کے ہر ڈھیر کو سونگھتے پھرتے ہیں ان کی سبک نکتہ چینیوں سے ایسے یگانہ روزگار کے افکار کی ضیاپاشیوں کو گہنایا نہیں جا سکتا۔ یہاں تک کہا جاتا ہے کہ سیالوی صاحب اگر دامن نچوڑ دیں تو فرشتے اس سے وضو کریں۔ سیالوی صاحب مجھے مخاطب ہو کر کہنے لگے:

"آپ نے کبھی ایک سٹھیایا ہوا متفنی کھوسٹ فلسفی دیکھا ہے جو پریوں کے اکھاڑے میں راجہ اندر بن جائے۔ حسین و جمیل دوشیزاؤں کے ہاتھوں میں ہاتھ ڈال کر رقص

ابلیس کا منظر پیش کرے اور اس طرفہ تماشے پر خوب ہنہنانے لگے اور اس کے حواری منمنانے لگیں۔"

میں نے عاجزی سے کہا"کوئی اشارہ یا پہچان معلوم ہو تا کہ کچھ اندازہ لگایا جا سکے۔نا معلوم ایام پیری میں بعض عاقبت نا اندیش لوگوں کا دل ہاتھ سے کیوں پھسل جاتا ہے؟"

سیالوی صاحب نے ہاتھ کھجلاتے ہوئے اپنے غیظ و غضب پر قابو پاتے ہوئے کہا:

"بد قسمتی سے اس عطائی فلسفی کا تعلق شعبہ تعلیم سے ہے۔اس مسمار قوم کے ہاتھوں ہزاروں گھر بے چراغ ہو گئے۔ اس کی ہئیت کذائی دیکھ کر اس کے مشکوک نسب کے درندے اور ابلیس نژاد ہونے کا پختہ یقین ہو جاتا ہے۔اس شخص کے ہاتھوں کی انگلیوں میں انگوٹھیاں ٹھنسی ہوتی ہیں۔ آنکھوں پر موٹے سفید شیشوں کی نظر کی عینک ، سر پر گدھے کے بالوں کی سیاہ وگ اس نا ہنجار کی روسیاہی اور جگ ہنسائی کا باعث بن گئی تھی۔ عیوب برہنگی کو ڈھانپنے کے لیے لنڈے کا سوٹ پہن کر یہ کالا انگیز فرعون بن جاتا ہے ۔کہتا ہے کہ اس کے ہاتھ بہت لمبے، مضبوط اور پھیلے ہوئے ہیں۔اس شخص کے ہاتھ مظلوموں، محروموں اور بے بس و لاچار انسانوں کے خون سے رنگے ہیں۔لوگ اسے ہاتھ اٹھا اٹھا کر کوستے ہیں۔اس کی موجودگی میں لوگ عدل، انصاف، انسانیت کے وقار اور سر بلندی سے ہاتھ اٹھا بیٹھے ہیں۔ کوئی ایسا مرد حر نظر نہیں آتا جو اس موذی درندے کے غریبوں پر اٹھنے والے ہاتھ اکھاڑ دے۔ گو اس کے ہاتھ جنبش سے محروم ہیں مگر اس کی آنکھ میں تو سور کا بال ہے مہ جبینوں پر دست درازی اور ساغر و مینا سے ہر وقت دل بہلانا اس کا وتیرہ ہے۔اس کے عیوب برہنگی کو ڈھانپنے کے لیے تو کفن بھی کافی نہ ہو گا۔ دست اجل جب اس ننگ انسانیت کو قبر میں دھکیلیں گے تو شاید زمیں بھی اسے قبول نہ کرے ۔"

میں نے سیالوی صاحب کی باتیں سن کر ہاتھ آنکھوں سے لگائے ان کی صحت اور سلامتی کے لیے ہاتھ بلند کیے اور کہا" آپ حریت فکر کے مجاہد ہیں۔ آپ نے ثابت کر دیا ہے کہ ملازم طبقہ ہاتھ بیچنے پر تو مجبور ہے مگر ذات کی نیلامی اسے کسی صورت میں گوارا نہیں کی پھر بھی ہمیں ہاتھ پاؤں بچا کر آگے بڑھنا چاہیے۔ لوگ تو بلاوجہ آپ جیسے حریت فکر کے مجاہدوں کے پیچھے ہاتھ دھو کر پڑ جاتے ہیں۔ آپ سب کے لیے فیض رساں ہیں ۔ہاتھ کو ہاتھ پہچانتا ہے، میں نے ہمیشہ آپ کی خوشہ چینی کی ہے۔ آپ کے استغنا اور فقر نے آپ کو قناعت کی مثال بنا دیا ہے۔ ایسا کون شخص ہے جو ہاتھ پاؤں پڑنے والوں پر کوہ ستم توڑتا ہے اور جب ہاتھ کو ہاتھ سجھائی نہیں دیتا، وہ لذت ایذا حاصل کرنے کی خاطر اپنی بے بصری، کور مغزی اور خست و خجالت اور جہالت و رذالت کا ثبوت دیتا ہے۔"

سیالوی صاحب کہنے لگے "ہاتھ کنگن کو آرسی کیا۔ ابھی گھاسف دجال خان کے دفتر میں جا کر دیکھ لیتے ہیں۔ اس شخص کے ہاتھ پاؤں تو جنبش سے محروم ہیں مگر حسن و رومان کے غیر مختتم قصے اس سے منسوب ہیں۔ اس جنسی جنونی کے ہاتھ پاؤں پڑا ہے قہر الٰہی اور اس قدر لاغر ہے کہ تنکے کا گمان گزرتا ہے مگر زبان اس کی ہاتھ بھر کی ہے۔ ہاتھ پاؤں حرکت سے محروم ہیں مگر گھاسف دجال خان طاؤس و رباب اور حسن و شباب سے ہمہ وقت دل بہلاتا رہتا ہے۔ روم آگ کے شعلوں کی زد میں ہے مگر وقت کا یہ نیرو چین کا بانسری بجانے میں مصروف ہے۔ جب تک اس کا ہاتھ پتھر تلے نہیں آجاتا اس بد طینت راسپوٹین اور نام نہاد فلسفی کو عبرت کا نشان بننے کی کوئی صورت نظر نہیں آتی اور نہ ہی مظلوموں کی کوئی امید بر آنے کا امکان ہے۔ وہ دن دور نہیں جب اونٹ پہاڑ کے نیچے آ جائے گا اور اس درندے کا کوئی پرسان حال نہ ہو گا

تجسس کے باعث مجھے محسوس ہوا کہ صبر کا دامن ہاتھ سے چھوٹ رہا ہے۔ چند قدم

کے فاصلے پر گھاسف دجال کا دفتر تھا۔ لوگ اسے عقوبت خانے، چنڈو خانے اور قحبہ خانے کی حیثیت سے دیکھتے اور

ہاتھ کانوں پر رکھ کر یہاں سے دبے پاؤں گزر جاتے۔ اس کے شر سے صرف وہی لوگ بچ سکتے جن کا ہاتھ کا دیا ان کے کام آجاتا۔ اس شخص نے قومی وسائل پر نہایت بے دردی سے ہاتھ صاف کیا۔ اندر داخل

ہوئے تو ہاتھ کا جھوٹا گھاسف دجال خان مہ جبیں حسیناؤں کے جھرمٹ میں رنگ رلیاں منانے میں مصروف تھا۔ سیالوی صاحب نے اپنے دبنگ لہجے میں کہا:

" ہوشیار ہو جاؤ درندے گھاسف دجال! تم خود کو ہاتھ کا چالاک سمجھتے ہو مگر آج میرے ہاتھ سے چھوٹ کو کہیں نہیں جاسکتے۔ میں آج تم سے دو دو ہاتھ کرنے کی غرض سے آیا ہوں۔ ساری دنیا تمھارے ہاتھ سے ناخوش و بیزار ہے۔ تم نے رتیں بے ثمر، کلیاں شرر، زندگیاں پر خطر، عمریں مختصر اور آہیں بے اثر کر دی ہیں۔"

یہ کہہ کر سیالوی صاحب اس درندے کو ایسا سیدھا ہاتھ مارا کہ اسے نانی کے ساتھ ساتھ چھٹی کا دودھ بھی یاد آگیا۔ اپنا ہاتھ درندے کے طوق گلو کر کے سیالوی صاحب اسے گھسیٹتے ہوئے باہر لے آئے اور

اس کی خوب درگت بنائی۔ درندے کے ہاتھ کشیدہ آسماں دیدہ ساتا روہن ایسے غائب ہوئے جیسے گدھے کے سر سے سینگ۔

ماہرین حیاتیات کا خیال ہے کہ ہاتھ کو ہر دور میں بے پناہ اہمیت حاصل رہی ہے ادبیات عالم تو ہمارے ادیبوں کے ہاتھ کا ثمر ہے۔ ہاتھ کے موضوع پر ہر زیرک تخلیق کار نے طبع آزمائی کی ہے۔ ہر وہ سخن ور جو سونے کا قلم ہاتھ میں تھامے ہوئے ہوتا ہے، رواقیت کا داعی بن بیٹھتا ہے اور افلاس کے عقدے حل کرنے کی سعی رائیگاں میں منہمک

ہو جاتا ہے۔ یہ دنیا اور اس کا کار جہاں ہمارے لیے فکر و نظر کے متعدد نئے در یچے وا کرتا ہے۔ دنیا میں سب کام نقد چلتا ہے اس ہاتھ سے دینے والے کو دوسرے ہاتھ سے مل جاتا ہے۔ آج ہم تکلف کو بھی اخلاص سمجھ بیٹھتے ہیں۔ ہر ہاتھ ملانے والے کو دوست کے روپ میں دیکھنا کج فہمی کی دلیل ہے۔ کئی بار ابن الوقت، جو فروش گندم نما اور چڑھتے سورج کی پجاری میٹھی نظر سے دیکھ کر لگائی بجھائی میں مصروف ہو جاتے ہیں۔ ایسی کیفیت کو دیکھ کر میں ہمیشہ دل پہ جبر کرتا ہوں کہ اگر میں ان پر ہاتھ اٹھا بیٹھا تو صبر و تحمل کے سارے دعوے دھرے کے دھرے رہ جائیں گے۔ ہمارے معاشرے میں ایسے عناصر نے اندھیر مچار کھا ہے جن کے قبیح کردار اور بد اعمالیوں کے ہاتھوں انسانیت کو بڑے چرکے سہنے پڑے مگر ان پر احتساب کا ہاتھ ہمیشہ اوچھا ہی پڑتا اور یہ سدا مکر کی چالوں سے بچ نکلنے میں کامیاب ہو جاتے ہیں۔

سماجی زندگی میں ہاتھ کی مطلق العنان فرماں روائی کا ایک عالم معترف ہے۔ بچے کام کاج میں والدین کا ہاتھ بٹھاتے ہیں اور ان کی دعائیں لیتے ہیں۔ اچھی تربیت کی بدولت بچے ہاتھ باندھے والدین اور اساتذہ کے روبہ رو سر تسلیم خم کرتے ہیں والدین اور اساتذہ کی ذمہ داری ہے کہ وہ نئی نسل کو اس مہارت کے ساتھ زیور تعلیم سے آراستہ کریں تا کہ ہر شعبہ زندگی میں ان کا ہاتھ اونچا رہے۔ منافق اگر دوستی کا ہاتھ بڑھائے تو اس کا ہاتھ جھٹک دینا ہی مصلحت ہے۔ داناؤں کا کہنا ہے موذی کو اس طرح ٹرخایا جائے کہ اپنے ہاتھ پاؤں بھی محفوظ رہیں۔ ابھی ہاتھ پاؤں سیدھے کرنے کی غرض سے چارپائی پر لیٹا ہی تھا کہ دروازے پر دستک ہوئی۔ باہر نکلا تو ایک خوب صورت اور نوجوان بھکارن نے امداد کے لیے ہاتھ پھیلایا۔ اس بھکارن کے ہاتھ میں کاسہ دیکھ کر وہ کہاوت یاد آگئی کہ جب ہاتھ ہیں کشکول تو پھر کیا ڈر اور کیسا ہول۔ ہاتھوں کی لکیریں بھی انسانی مقدر کی مظہر بن جاتی ہیں۔

کچھ دنوں سے شہروں کے بازاروں اور فٹ پاتھوں پر رمال، عامل، نجومیوں اور دست شناسی کے ماہروں کے غول کے غول امڈ آئے ہیں۔ یہ سب ہاتھ کی صفائی دکھا کر سادہ لوح لوگوں کی جمع پونجی ہتھیا لیتے ہیں۔ مفلوک الحال لوگ مفاد پرست استحصالی عناصر کے ہاتھوں میں یرغمال بن گئے ہیں ان کی شقاوت آمیز ناانصافیوں سے ان کے ملازم زندگی کے دن پورے کرنے پر مجبور ہیں۔ ان فراعنہ کے بارے میں کہا جاتا ہے کہ ہاتھ میں دیں روٹی ساتھ ہی سر پر ماریں سوٹی (ڈنڈا)۔ یوں ان مظلوموں کی ہر تدبیر الٹی اور تقدیر کھوٹی ہو جاتی ہے۔

قحط الرجال کے موجودہ زمانے میں اقدار و روایات کی زبوں حالی نے عجب گل کھلائے ہیں۔ ہاتھ کی صفائی اس قدر بڑھ گئی ہے کہ لوگوں کے دل میلے ہوتے چلے جا رہے ہیں۔ ایسا محسوس ہوتا ہے کہ کسی پوشیدہ ہاتھ نے انسانیت کو گمبھیر سناٹوں، جانگسل تنہائیوں اور سفاک ظلمتوں کی بھینٹ چڑھا دیا ہے۔ اس معاشرے میں جاہل بھی اپنی جہالت کا انعام حاصل کرنے میں کامیاب ہو جاتا ہے۔ وقت کے ایسے حادثات کو بھلا کس نام سے تعبیر کیا جائے۔ آج کے دور میں بے بس و لاچار انسانیت کا کوئی پرسان حال ہی نہیں ۔جس طرف نگاہ دوڑائیں مظلوم انسان جان ہتھیلی پر لیے پھرتے ہیں۔ اہل ہوس مدعی بھی ہیں اور منصف کے منصب کو اسی طبقے نے اپنے آہنی ہاتھوں کے شکنجے میں جکڑ رکھا ہے ۔گلزار ہست و بود میں اب سرو و صنوبر اگانے والے ہاتھ عنقا ہیں۔ اب تو گلشن میں بندوبست بہ رنگ دگر دکھائی دیتا ہے۔ جہاں اثمار و اشجار اور بور لدے چھتنار کثرت سے اگا کرتے تھے، وہ آبادیاں جن میں زندگی کی حرکت و حرارت سے لبریز ماحول ہوتا تھا اب وہاں ایک عجیب طرفہ تماشا ہے۔ گلشن میں زقوم، حنظل اور پوہلی کی فراوانی ہے جب کہ بے چراغ گھروندوں میں چراغ غول کے سوا کچھ نہیں۔ عقابوں کے نشیمن میں زاغ و

زغن گھس گئے ہیں۔ لوگ سوال کرتے ہیں کہ وہ کس کے ہاتھ پہ اپنا لہو تلاش کریں۔ اس اعصاب شکن ماحول میں تمام شہر نے دستانے پہن رکھے ہیں۔ اہل درد کی جاں پہ دوہرا عذاب ہے وہ نہ صرف زندگی کے تضادات کو پتھرائی ہوئی آنکھوں سے دیکھتے ہیں بلکہ ان کے بارے میں سوچ سوچ کر جی کا زیاں کرتے ہیں۔ اور اس شخص کو ڈھونڈتے پھرتے ہیں جس کے ہاتھوں انسانیت پر کڑا وقت آگیا ہے۔ جب بھی اصلاح احوال کی کوئی صورت پیدا ہوتی ہے کوئی نہ کوئی طالع آزما اور مہم جو ساری بساط ہی لپیٹ دیتا ہے۔ اس طرح دست حیلہ جو سے امیدوں کی فصل غارت ہو جاتی ہے اور غریبوں کی صبح شام کی تمام محنت اکارت چلی جاتی ہے۔ اسے حالات کی ستم ظریفی سے تعبیر کیا جائے گا کہ ہم گجر بجنے سے دھوکا کھا جاتے ہیں۔ کواکب جیسے دکھائی دیتے ہیں اس طرح کے نہیں ہوتے ان کے پس پردہ جو ہاتھ ہیں وہ ان کی ہیئت کو یکسر بدل دیتے ہیں اور ہم محو حیرت رہ جاتے ہیں کہ ہم کس جہاں میں کھو گئے ہیں۔

قسمت کی خوبی دیکھیے ٹوٹی کہاں کمند دو چار ہاتھ جب کہ لب بام رہ گیا

ہاتھ کی کئی اقسام ہیں۔ ان میں سے مانگنے والا ہاتھ، عطا کرنے والا ہاتھ، اوپر والا، نیچے والا ہاتھ، سیدھا ہاتھ، الٹا ہاتھ، ٹیڑھا ہاتھ، جبر کا ہاتھ اور مجبور کا ہاتھ زیادہ تر قابل فہم رہے ہیں۔ ہاتھ کو ایک ظرف مکاں کی حیثیت بھی حاصل ہے۔ قلم اور قرطاس اہل علم کے ہاتھ میں ہوتے ہیں اور وہ ان سے رنگ، خوشبو اور حسن و خوبی کے تمام استعارے منصہء شہود پر لاتے ہیں۔ کسان کے ہاتھ غذائی اجناس پیدا کرتے ہیں۔ مزدور کے ہاتھ مجموعی قومی پیداوار میں اضافے کا وسیلہ ثابت ہوتے ہیں۔ زلف و گیسو کی تراش خراش کے لیے حجام کے ہاتھ ناگزیر ہیں۔ آرائش جمال مشاطہ کے دست ہنر کی مرہون منت ہے جو عام سے چہرے کو بھی چندے آفتاب اور چندے ماہتاب بنانے میں ید طولیٰ رکھتی ہے

۔سقے کے ہاتھ میں پیالہ دیکھ کر پیاس کی تسکین خود بہ خود ہو جاتی ہے۔اس کے ساتھ ہی سقے کے جد امجد نظام سقہ کی یاد دل

میں چٹکیاں لینے لگتی ہے۔عاشق کے ہاتھ کا تصور آتے ہی اس چار گرہ کپڑے کی قسمت کی یاد آتی ہے جو بد قسمتی سے عاشق کا گریبان بنا۔عاشق کا ہاتھ دامن کے چاک اور گریبان کے چاک کے درمیان پائے جانے فاصلے کو پلک جھپکتے میں مٹا دیتا ہے۔اجرتی دہشت گرد ،پیشہ ور قاتل اور کرائے کے بد معاش کے ہاتھ میں آتشیں اسلحہ ہوتا ہے ۔ایسے ہاتھ کئی خاندانوں کو مکمل انہدام کے قریب پہنچا دیتے ہیں۔ان مظلوم خاندانوں کا ہاتھ عمر بھر دل سے جدا نہیں ہو سکتا۔وہ تو اپنے شکستہ ہاتھوں سے عرض مضطرب لکھنے کی استعداد سے بھی محروم ہو جاتے ہیں۔رشوت

،بھتہ اور جگا ٹیکس وصول کرنے والے ہاتھ ہر دور میں اجالوں کو داغ داغ اور سحر کو شب گزیدہ بنانے میں مصروف رہے ہیں۔ان ہاتھوں کے جور و ستم سے ہنستے بولتے چمن مہیب سناٹوں کی بھینٹ چڑھ جاتے

ہیں۔اہل حرفہ کے ہاتھ محنت کی عظمت کی منہ بولتی تصویر ہیں۔منشیات فروشوں ،قزاقوں ،چوروں اور ڈاکوؤں کے ہاتھ ہمیشہ مظلوموں کے خون سے تر رہے ہیں صیاد کے ہاتھوں آزادی خیال و خواب بن جاتی ہے جب کہ جلاد زندگی کو معدوم کر کے جبر کے جان لیوا باب رقم کرتا ہے۔جیب تراش کا ہاتھ بے خبر راہ گیروں کو ان کی جمع پونجی سے محروم کر دیتا ہے۔زلف تراش کا ہاتھ جب نگاہ یار کو آشنائے راز کرتا ہے الجھی ہوئی لٹ کو فرش زمیں پر ڈھیر کر دیتا ہے اور اس کے ساتھ ہی گنجے کو ناخنوں سے بھی محروم کر دیتا ہے استاد کا ہاتھ نئی نسل کی قسمت بدلنے پر قادر ہے۔یہ ہاتھ اگر صدق دل سے تراش خراش کریں تو پتھر کی بھی تقدیر بدل کر اپنے کمالات سے دیکھنے والوں کی نگاہوں کو خیرہ

کر سکتے ہیں۔ قانون نافذ کرنے والے اہل کاروں کے ہاتھ در اصل بے بس رعایا کی شہ رگ پر ہوتے ہیں۔ معالج کا ہاتھ اپنے مریض کی نبض پر ہوتا ہے جب کہ نگاہ اس کی جیب پر مرکوز رہتی ہے۔ غرض جتنے ہاتھ اتنے ساتھ۔ ہر ہاتھ ساتھ نبھانے کی مقدور بھر سعی کرنے کے بعد اپنے مقام تک پہنچ ہی جاتا ہے۔ یہ کہنا غلط نہ ہو گا کہ جیسا ہاتھ ویسا ساتھ اور جیسا منہ ویسا ہی ہاتھ کا زوردار طمانچہ۔ آج جس طرف دیکھیں لوگ دھول دھپا اور ہاتھا پائی میں مصروف ہیں۔ بعض دانائے راز یہ کہتے ہیں کہ معاشرتی زندگی کے تمام ارتعاشات، تضادات اور بے سکونی کی کیفیات کے پس پردہ کوئی خفیہ ہاتھ کا فرما ہے۔ اس ہاتھ کا کھوج لگانا جوئے شیر لانے کے مترادف ہے۔

حسن و رومان کی دنیا میں ہاتھ کا ایک الگ اور منفرد مقام ہے۔ قیس کا ہاتھ ناقہء لیلیٰ کی جستجو میں ہے، فرہاد کے ہاتھ میں تیشہ ہے جو پہاڑ توڑ کر شیریں کے محل تک دودھ کی نہر رواں دواں کرنے کی راہ دکھاتا ہے۔ صراف کے ہاتھ زیورات تیار کرتے ہیں جب کہ خیاط کے ہاتھ ایسے ملبوسات تیار کرتے ہیں جنھیں پہن کر حسن میں نکھار اور شخصیت میں وقار آتا ہے۔ مشاق رفوگر کے ہاتھ سے اگر مخمل میں بھی ٹاٹ کا پیوند لگے تو بھلا لگتا ہے۔ وہی فرہاد جو شیریں کی موت کی خبر سن کر تیشے بغیر نہ مر سکا۔ سوہنی کے ہاتھ میں رات کی تاریکی میں جب کچا گھڑا آیا تو وہ سمجھ گئی کہ اس کے ساتھ آج کی رات دریا کے کنارے ظالم و سفاک، موذی و مکار دشمن نے ہاتھ کر لیا ہے اور ہاتھ کی صفائی سے ایک پیار کرنے والے کی زندگی کی شمع بجھانے کی مذموم کوشش کی ہے۔ اس نے دنیا پر واضح کر دیا کہ محاذ جنگ سے پسپائیوں کا تو کوئی نہ کوئی جواز تلاش کیا جا سکتا ہے لیکن محبت کی راہ میں اٹھنے والے ایک قدم کے بعد واپسی کا تصور ہی عبث ہے۔ سوہنی نے اسی کچے گھڑے پر تیر کر دریائے چناب کی طوفانی لہروں کا مقابل کرنے کی ٹھان لی تا کہ دریا کے دوسرے کنارے

پر منتظر اس کا عاشق مہینوال اس پر بزدلی کا الزام نہ لگا سکے۔ دریائے چناب کی طوفانی لہریں کچے گھڑے اور سوہنی کو بہا لے گئیں اور اس کے ساتھ ہی مہینوال کی زندگی کی شمع بھی دریا کی طغیانی نے بجھا دی۔ خوشاب کا بہت بڑا جاگیردار مراد بخش جب جھنگ کی ہیر کی زلف گرہ گیر کا اسیر ہوا تو اس نے اپنے ہاتھ میں لاٹھی تھام لی اور ہیر کی بھینسوں کا چروا ہا بن گیا۔ اس قدر مشقت کے باوجود ہیر کی ڈولی کھیڑے کے ہاتھ لگی۔ یہی تو تقدیر کے کھیل ہوتے ہیں۔ تقدیر کے ہاتھوں انسانی تدبیر کی جو درگت بنتی ہے اسے دیکھ کر ایسا محسوس ہوتا ہے کہ کوئی ہمارے ساتھ ہاتھ کر جاتا ہے اور ہم اس قدر قربتوں کے باوجود اجنبی ٹھہرتے ہیں۔ سچی بات تو یہ ہے کہ عطار، رومی، رازی اور غزالی کو جو عزت و تکریم نصیب ہوئی، وہ ان کی آہ سحر گاہی کا ثمر ہے۔ مجاہدے، ریاضت اور زہد و تقویٰ کے بغیر کچھ ہاتھ نہیں آتا۔ بعض ہاتھ ایسے بھی ہوتے ہیں جو اپنی قوت، شان، سطوت اور ہیبت کی دھاک بٹھا دیتے ہیں۔ اس کی ایک مثال لیاقت علی خان کے ہاتھ کا مکہ ہے، جسے عسکری قوت کی ایک علامت قرار دیا جاتا ہے۔ شفیق بزرگ جب اپنا ہاتھ اپنے عزیزوں کے سر پر رکھتے ہیں تو ایسا محسوس ہوتا ہے کہ مسرت، راحت اور طمانیت کے سوتے ریشے ریشے سے پھوٹ رہے ہوں۔ ہاتھ کی علامت کو ایک نفسیاتی کل کے طور پر دیکھنا چاہیے جس کے اعجاز سے لاشعور کی قوت اور خوابیدہ صلاحیت کو متشکل کرنے میں مدد ملتی ہے۔ ہاتھ کے مسحور کن کمالات اور معجز نما کرشمات کا عدم اعتراف نہ صرف ایک مہلک تاریخی غلطی کے مترادف ہے بلکہ اسے عام آدمی بھی ناشکری پر محمول کرے گا۔ من و سلویٰ اور ہفت الوان پر ہاتھ صاف کرنے والے بھی اس قسم کی ناشکری کے مرتکب ہوئے اور عبرت کا نشان بن گئے۔

ساری دنیا بدل رہی ہے مگر الم نصیبوں کا حال تو جوں کا توں ہے۔ غریب والدین

اپنی بچیوں کے ہاتھ پیلے کرنے کی فکر میں زندہ در گور ہو جاتے ہیں یہاں تک کہ ان کا جسم نیلا پڑ جاتا ہے۔ خالی ہاتھ دنیا سے جانا ہر انسان کا مقدر ہے۔ کہتے ہیں جب سکندر نے سفر آخرت کے لیے کوچ کیا تو اس کے دونوں ہاتھ کفن سے باہر نکلے ہوئے تھے۔ اس کا مقصد یہ دکھانا تھا کہ ہوس زر اور جاہ و منصب کے اسیر اس عبرت سرائے دہر میں یہ ہولناک منظر کو دیکھ لیں کہ جو بھی دنیا سے کوچ کرتا ہے اسے خالی ہاتھ ہی جانا ہوتا ہے۔ جب ہم اپنے اطراف و جوانب میں دہشت گردی کی فضا دیکھتے ہیں تو یوں لگتا ہے کہ دست قضا نے گویا ہاتھ میں درانتی سنبھال رکھی ہے کیونکہ سروں کی فصل سے کھلیان پٹ گئے ہیں ۔ ظالم ہاتھوں نے زندگیاں پر خطر اور عمریں مختصر کر دی ہیں۔ داستان گو، مصور، سنگ تراش، ادیب، کھلاڑی، جنگجو، ملاح، مزدور اور تمام دست کار ہاتھوں کی کمائی کھاتے ہیں اور ان کی مصنوعات کو ہاتھوں ہاتھ لے کر لوگ ان کو سر آنکھوں پر جگہ دیتے ہیں۔ کئی ہاتھ ایسے بھی ہوتے ہیں جو پس منظر میں رہتے ہوئے بھی ہاتھ کی صفائی سے قصہ پاک کر دیتے ہیں۔ تاریخ کے اوراق میں ایسے متعدد واقعات مذکور ہیں۔ شہنشاہ جہانگیر کے پیچھے نور جہاں کا ہاتھ تھا اور مغل بادشاہ جہاں دار شاہ رسوائے زمانہ طوائف لال کنور کے ہاتھوں میں کٹھ پتلی بن گیا تھا۔

سائنس اور ٹیکنالوجی کی ترقی نے جہاں بہت سے فوائد سے انسانیت کو فیض کے اسباب سے آشنا کیا ہے وہاں کئی اہل حرفہ ہاتھ پر ہاتھ دھرے ایام گزشتہ کی کتاب کی ورق گردانی اور اپنی راحت گم گشتہ کی نوحہ خوانی میں مصروف رہتے ہیں۔ چنیوٹ کا ایک مشہور محلہ کمان گراں ہے۔ اس محلے میں تیر اور کمان بنانے والے اہل حرفہ نے گزشتہ پانچ ہزار سال میں نسل در نسل تیر کمان اور ترکش بنانے میں اپنی مہارت کی دھاک بٹھا دی تھی۔ ان کمان گروں کے ہاتھ کی بنی ہوئی کمان، تیر اور ترکش پوری دنیا میں مقبول تھے

۔ایک روایت ہے کہ سکندر اعظم کی سپاہ کے ہاتھ میں جو تیر اور کمان تھے وہ چنیوٹ کے کمان گروں نے تیار کیے تھے۔ آج اس پیشے کا کوئی وجود ہی نہیں۔ایک بات اور ہے کہ اب یہاں چشم غزال کی نگاہوں کے تیر نیم کش کاری لگتے ہیں اور یہاں کے حسینوں کی چال ایسی ہے جیسے کڑی کمان کا تیر۔ حسن بے پروا اپنی جلوہ سامانی کے نت نئے پہلو تلاش کر لیتا ہے۔ہاتھ سے چلائے جانے والے تیر کا نشانہ خطا ہو سکتا ہے مگر نگاہوں کے دل نشیں اور کاری تیر تو زندگی پر بھاری ہو جاتے ہیں۔ ایسے تیر نیم کش کا احوال صرف دل والے ہی جانتے ہیں۔ایسے تیر دل میں ایک ایسی خلش چھوڑ جاتے ہیں جس کے علاج کا تیر بہ ہدف نسخہ قسام ازل نے فرشتہء اجل کے ہاتھ میں تھما دیا ہے۔

میں جب بھی آثار قدیمہ اور دنیا کے عجائبات کے بارے میں سوچتا ہوں تو میں چشم تصور سے وہ ہزاروں ہاتھ بھی دیکھ لیتا ہوں جنھوں نے ان کی تعمیر میں حصہ لیا اور معجزہء فن کی نمود ان کے خون جگر سے ہوئی۔ رجائیت پسندوں کے لیے ہاتھ کلید کامیابی، نوید باریابی اور نسخہء عزت مآبی ہے ۔چار برس قبل میرا واسطہ ایک متفنی راکشس سے پڑ گیا۔میں نے مسلسل ڈیڑھ برس تک اس کی خاطر مدارات میں کوئی کسر اٹھا نہ رکھی۔ وہ مجھے پیر و مرشد مانتا تھا۔جب اس کا کام نکل گیا تو اس نے وہ ہاتھ دکھایا کہ طوطا چشمی سے بھی کہیں آگے نکل گیا۔جوں ہی اس سانپ تلے کے بچھو نے مجھے اپنی نیش زنی کا نشانہ بنایا تو تحلیل

نفسی کے ماہرین نے اس کے خوب لتے لیے اور اسے مخبوط الحواس، ابن الوقت اور جنسی جنونی قرار دیتے ہوئے مجھ سے اظہار ہمدردی کرتے ہوئے کہا:"ہاتھ لا رانا بھائی ،کیسی رہی ایک مشکوک نسب کے ابن الوقت سے آشنائی اب ہوئی نہ ہر جگہ جگ ہنسائی ۔کہاں گئے وہ سب فدائی؟ ہماری تنبیہہ نہ تم کو راس آئی۔"

زندگی کی اقدار عالیہ اور انسانیت کے وقار اور سر بلندی کی خاطر جو ہاتھ مصروف کار ہیں ان کے کردار کی عطر بیزی کا ایک عالم معترف ہے۔ ان کے کارہائے نمایاں کی خوشبو سے پوری فضا مہک اٹھی ہے۔ یوں لگتا ہے اس خوشبو نے بادل کے ہاتھ کو تھام رکھا اور ہوا کے ساتھ سفر کے مقابلے کی ٹھان لی ہے۔ اب یہ طے ہے کہ روشنیوں کی راہ میں جو ہاتھ روڑے اٹکائیں گے ،وہ نہیں رہیں گے۔ جو ہاتھ اپنے خالق کے حضور دعا کے لیے نہیں اٹھتے ناکامی اور نامرادی ان کا مقدر بن جاتی ہے۔ طاقت وروں، استحصالی مافیا اور اہل جور کا آلہ کار بن جانے والے بوم، کرگس اور شپر جب بے بس انسانیت پر مصائب و آلام کے پہاڑ توڑتے ہیں تو ان کی بے حسی، بے غیرتی اور بے ضمیری ان کے لیے کلنک کا ٹیکہ ثابت ہوتی ہے۔ جب یہ مکافات عمل کی زد میں آتے ہیں تو کوئی بھی شخص ان کو تھامنے والا نہیں ہوتا۔ ایسے بگلا بھگت درندے جب سیل زماں کی زد میں آتے ہیں تو ان کے لمبے ہاتھ بھی انھیں ذلت کے بھیانک غاروں سے باہر نہیں نکال سکتے۔ حذر اے چیرہ دستاں سخت ہیں فطرت کی تعزیریں۔ اللہ کریم کے الطاف و عنایات کی کوئی حد ہی نہیں۔ خالق اکبر کی نعمتوں کا شکرانہ ادا کرنے کے لیے بڑے ظرف کی ضرورت ہے۔ اس کے برعکس نو دولتیے اپنی کم ظرفی کو چھپا نہیں سکتے اور مجبور اور بے بس و لاچار انسانوں کی عمر بھر کی کمائی پر ہاتھ صاف کر کے غراتے رہتے ہیں۔ محسن بھوپالی نے اس قماش کے کم ظرف درندوں اور مفاد پرست لٹیروں کے بارے میں کہا تھا:

جاہل کو اگر جہل کا انعام دیا جائے
اس حادثۂ وقت کو کیا نام دیا جائے
مے خانے کی توہین ہے رندوں کی ہتک ہے

کم ظرف کے ہاتھوں میں اگر جام دیا جائے

ہاتھ زندگی بھر انسان کا ساتھ دیتے ہیں۔ جب تک انسان کے ہاتھ سلامت رہتے ہیں اسے کوئی گزند نہیں پہنچا سکتا۔ ماہرین حیاتیات کا کہنا ہے کہ انسان کے تمام ارادی افعال کی انجام دہی میں ہاتھ کلیدی کردار ادا کرتے ہیں فریاد ہو یا بیداد، جلاد ہو یا صیاد، شیخ چلی ہو یا شیخ سعدی، ابو جہل ہو یا ابو لہب، ہلاکو خان ہو یا آسو خان، تسمہ کش ہو یا جاروب کش سب واقعات، حکایات اور کرداروں میں ہاتھ کی جلوہ فرمائی مسلمہ ہے۔ جس نے بھی ہاتھوں کو مظلوموں پر بہ طور ہتھیار استعمال کیا فطرت کی سخت تعزیروں نے ان کا احتساب کیا۔ اس کی ایک مثال ابو لہب کی ہے۔ قران پاک میں ارشاد باری تعالیٰ ہے کہ ابو لہب (عبد العزیٰ) کے ہاتھ ٹوٹ گئے اور وہ نامراد ہو گیا۔ اس کی عمر بھر کی کمائی اس کے کسی کام نہ آئی۔ اس نے مجبوروں اور بے بس انسانوں کے خون میں ہاتھ رنگے اور یتیموں کے مال پر ہاتھ صاف کیے اس کا ٹھکانہ جہنم کی دہکتی ہوئی آگ بنے گی اور اس کی اہلیہ جو اس ظالم کا ہاتھ بٹاتی تھی اس کے گلے میں مونجھ کی رسی ہو گی۔ چیرہ دستوں کو مظالم سے حذر کرنا چاہیئے کیونکہ قدرت کے ہاتھ کی پکڑ میں دیر تو ہو سکتی ہے مگر وہاں اندھیر ہر گز نہیں۔ یہ واقعہ ہر اولی الامر کے لیے عبرت کا تازیانہ ہے۔

شباہت شمر کو ایک حکایت ہاتھ لگی۔ یہ ڈھڈو کٹنی بتایا کرتی تھی کہ تریموں کے مقام پر گھاسو کھبال نامی ایک گھسیارا رہتا تھا۔ اس کا گھاس کھودنے پر مدار تھا۔ وہ صبح سے شام تک کھیتوں کے کناروں سے مفت گھاس کھودتا اور پھر اس گھاس کی گٹھڑی کو ایک مریل گدھے کی پیٹھ پر لاد کر شہر لاتا وہاں کے کوچوان یہ گھاس خرید لیتے اور تانگے کے گھوڑے اسے شوق سے کھاتے۔ ایک دن چراگاہ سے ایک بہت بڑی جسامت کا ہیرا اس کندہء نا

تراش گھسیارے کے ہاتھ لگا وہ اسے ایک عام چمک دار پتھر سمجھ کر مقامی بڑھئی کے پاس لے گیااور اس میں برمے سے سوراخ کرایااور اس میں مونجھ کی رسی ڈالی اور اپنے خارش زدہ مریل گدھے کے گلے میں باندھ دیا۔ یہ حکایت ہمارے لیے لمحہء فکریہ ہے یہ حالات کی ستم ظریفی نہیں تو اور کیا ہے کہ ہمارے اطراف وجوانب ایک مہیب جنگل کا گمان ہوتا ہے جہاں جنگل کا قانون نافذ ہے۔ گدھے ہر طرف ہنہناتے پھرتے ہیں جن کی پیٹھ پر اسناد اور کتب کا پشتارہ اور طومار ہے چور محل میں جنم لینے والے اس مشکوک نسب کی عجیب الخلقت مخلوق نے چور دروازے سے داخل ہو کر جاو منصب پر غاصبانہ قبضہ کر لیا ہے اور ان کی دستبرد سے کوئی محفوظ نہیں۔ حادثہء وقت کے ہاتھوں ہمیں یہ دن دیکھنا پڑا ہے کہ جاہل کو اس کی جہالت کا انعام مل رہا ہے۔ ہمارے معاشرے میں ایسی انہونی اکثر دیکھنے میں آتی ہے۔ شیخ چلی قماش کے مسخرے رواقیت کے داعی بن کر جامہ ابو جہل میں ملبوس ہو کر مختلف قسم کے زینے استعمال کر کے شیخ الجامعہ کے منصب تک رسائی حاصل کرنے میں کامیاب ہو جاتے ہیں۔

ایک جنگل میں سدا منگل ہی رہتا تھا۔ اس میں جنگل کا قانون نافذ تھااور اس جنگل میں رہنے والے لوگوں نے ایک بڑھیا کو اپنا رہبر قرار دیا تھا۔ وہ بڑھیا تو بزا خفش سے بھی گئی گزری تھی۔ اس کے باوجود خود کو نابغہ روزگار سمجھتی تھی اور رواقیت کی داعی بن بیٹھی۔ اس کی مجنونانہ حرکات کے باعث لوگوں کو بہت دکھ اٹھانے پڑتے تھے۔ پھر بھی لوگ اس کے ہاتھ پر بیعت کرنے میں تامل نہ کرتے۔ پڑوس میں ایک غریب بیوہ نے ایک مینڈھا پال رکھا تھا۔ وہ مینڈھا رسی تڑوا کر بھاگ نکلااور پڑوس میں ایک مکان میں گھس گیا اور وہاں مٹی کی ایک بڑی چاٹی میں پڑی گندم کھانے لگا۔ جب مالکن کو علم ہوا تو اس نے

مینڈھے کو ڈنڈا مارا۔ اس اچانک حملے کے باعث مینڈھا اس قدر خوف زدہ ہوا کہ اس کا سر اور سینگ اس چاٹی میں پھنس گئے۔ اب ظاہر ہے مشاورت کے لیے وہ بڑھیا کے پاس پہنچے تو اس نے ہاتھ لہراتے ہوئے اور تلملاتے ہوئے یہ مشورہ دیا: "ارے نادانو! اس سے پہلے کہ مینڈھا دم گھٹنے سے حرام ہو اسے ذبح کر ڈالو"

چانچہ ایسا ہی کیا گیا۔ اس کے بعد وہ پھر بڑھیا کے پاس آئے اور کہا:

"لیکن ابھی تک مینڈھے کا سر تو چاٹی سے باہر نہیں نکل سکا"

بڑھیا نے غیظ و غضب کے عالم میں کفن پھاڑتے ہوئے اور دونوں ہاتھوں سے سر کو پیٹتے ہوئے کہا" جاہلو! اب جاؤ اور مٹی کی چاٹی کو توڑ کر ریزہ ریزہ کر دو۔ سر باہر نکل آئے گا۔"

اس مشورے کی دست بستہ تعمیل کی گئی۔ بڑھیا کی دانائی پر سب عش عش کر اٹھے۔ بڑھیا اس وقت زارو قطار رونے لگی اور غش کھانے لگی "میرے بعد دنیا میں اندھیرا ہے۔ کون ہے جو میری طرح ذہانت اور عقل

اور خرد کی گتھیاں سلجھا سکے اور ان جید جہلا کو سیدھی راہ دکھا سکے۔ ان مخبوط الحواس لوگوں کی ہف وات سن کر ان کو صحیح مشورے دینے والا میرے بعد کوئی نہیں۔ میرے بعد مکمل اندھیرا ہے۔ اف! میرے خدا۔

گندے پانی کے جوہڑ کے قریب ایک سٹھیا ہوا بھانڈ کھبال کھان رہتا تھا۔ وہ کھانا اس وقت کھاتا جب طبلے پر ہاتھوں سے گت لگالیتا۔ اس کے ہاتھوں ہزاروں نوجوان گم راہ ہوئے اور منزل سے ناآشنا

ہزاروں اندھیرے میں ٹامک ٹوئے مارتے پھرتے ہیں۔ کھبال کھان کی دو دلچسپیاں

ہیں۔ تریموں کا ساگ بڑے شوق سے کھاتا اور سر پر بھیرے کی مہندی لگاتا اور طبلے کی گت پر وہ راگ الاپتا:

مہندی بھیرے کی
سوکھ گئے غم سے
جھوٹی رونق چہرے کی

لوگ کھبال کھان کو ایک گرگ باراں دیدہ ار سرد گرم چشیدہ بھڑوا اور مسخرا خیال کرتے اور اس چکلہ دار کی کسی بات پر دھیان نہ دیتے۔ بڑھاپے میں ناصف کھبال کھان کی بینائی بری طرح متاثر ہوئی اور

اسے نزدیک سے بھی کم کم دکھائی دیتا تھا۔ ایک مرتبہ اس کی فرمائش پر اس کی بہو نے ساگ اور مہندی کا بہ یک وقت اہتمام کیا۔ بیس گھنٹے کی لوڈ شیڈنگ نے سر شام ہی اس گھر کو مقدر کی تاریکی کی طرح اپنی گرفت میں لے لیا۔ بوڑھے کھوسٹ نے پہلے تو ساگ کا پیالہ اٹھایا اور اسے اپنے سر پر تھوپ لیا اس کے بعد مکئی کی روٹی سے بھیرے کی مہندی زہر مار کر گیا۔ رات بھر ابکائیاں لیتا رہا اور اپنی قسمت اور بدلتے ہوئے حالات پر روتا رہا۔ صبح کاذب کے وقت اس نے منہ ہاتھ دھویا اور آئینے کے روبہ رو اپنا سر دیکھا۔ اس کے بعد اس نے زور سے ایک چیخ ماری اور دونوں ہاتھوں سے سر کو پیٹنے لگا اور بلند آواز سے گریہ و زاری میں مصروف ہو گیا۔ اس کے قحبہ خانے کے تمام ڈوم ،ڈھاری ،بھانڈ ،بھڑوے، مسخرے ،لچے ،شہدے ،رجلے ،خجلے ،سفہا، اجلاف ،ارزال اور کرگس زادے اس کے گرد اکٹھے ہو گئے۔ انھیں یقین تھا کہ اب اس چکلہ دار کا آخری وقت آ پہنچا ہے انھوں نے اس کے ہاتھ پاؤں سیدھے کرنے کی کوشش کی تو اس نے اپنا ہاتھ ہوا میں لہراتے

ہوئے کہا:

طبلے کے ڈھنگ بدلے

ساگ بنا حنظل

مہندی بے رنگ پگلے

"اب زمانے کے انداز بدل گئے ہیں۔ اب نہ تو تریموں کے ساگ میں پہلے جیسی لذت رہ گئی ہے اور نہ ہی بھیرے کی مہندی میں پہلے کی سی رنگت رہ گئی ہے۔ اسی کا نام تو کل جگ ہے۔ یہ قیامت کی نشانی ہے"

یہ باتیں سن کر سب حاضرین فرط غم سے نڈھال تھے اور اپنے جد امجد کی پیش بینی پر انھیں دلی صدمہ پہنچا تھا۔ سید ضمیر جعفری نے درست کہا تھا:

بڑی مدت سے کوئی دیدہ ور پیدا نہیں ہوتا

جو ہوتا ہے مسلمانوں کے گھر پیدا نہیں ہوتا

ایک ہاتھ ایسا بھی تاریخ کے اوراق میں مذکور رہا ہے جو انداز حجابانہ، جلوہء جاناناں اور مطرب شاہانہ اپنے جلو میں لیے جب میرے عزیز ہم وطنو کا نعرہء مستانہ لگاتا ہے تو ترقی، دساتیری روایات، زندگی کی اقدار عالیہ اور تمام مسلمہ جمہوری عمل جس کی نمو میں سالہا سال کی محنت صرف ہوئی، اسے پلک جھپکتے میں پشتارہء اغلاط قرار دے کر بیخ و بن سے اکھاڑ پھینکتا ہے۔ اس ہاتھ کے سامنے تقویم بے وقعت، جغرافیائی سالمیت بے حقیقت اور تعظیم بے معنی ہو کر رہ جاتی ہے۔ مطلق العنان بادشاہوں، طالع آزما اور مہم جو حکمرانوں نے ہمیشہ ہاتھ کی صفائی دکھائی ہے۔ کہتے ہیں ایک مرتبہ بابر کی فوج کا ایک سالار شیر شاہ سوری ایک دست شناس کے پاس گیا اور اس سے یہ استفسار کیا کہ کیا اس کے ہاتھ

کی لکیروں میں بادشاہت کی لکیر بھی کہیں ہے۔ دست شناس نے کہا کہ اگر یہ چھوٹی لکیر اس بڑی لکیر سے مل جائے تو پھر بادشاہت یقینی ہے۔ یہ سننا تھا کہ شیر شاہ سوری نے خنجر نکالا اور اپنے ہاتھ کی اس چھوٹی لکیر کو بڑی لکیر سے خنجر کے ذریعے کاٹ کر ملا دیا۔ اس کے چند روز بعد شیر شاہ سوری تخت دہلی پر براجمان تھا اور ہمایوں ایران فرار ہو چکا تھا۔ ہم پر بھی کیسے کیسے لوگ ہاتھ کی صفائی سے حکمرانی کر گئے۔ ہرن مینار بنانے والے، مقبرے تعمیر کرنے والے، سیر گاہیں بنانے والے، بارہ دریاں تعمیر کرنے والے اور ٹوپیاں سی کر روزی کمانے والے حکمران۔ جس زمانے میں مغل شہنشاہ شاہ جہاں اپنے ہاتھوں سے تمام ملکی وسائل اور بے پناہ افرادی قوت اپنی محبوب بیوی ممتاز محل کی یاد میں تعمیر ہونے والے تاج محل کی تعمیر میں جھونک رہا تھا اسی زمانے میں امریکہ میں ہاورڈ یونیورسٹی کی تعمیر ہو رہی تھی۔ یہ ہوتا ہے فریب خیال کے ہاتھوں پہنچنے والا ناقابل تلافی نقصان۔ سمے کے سم کے ثمر نے اس علاقے کے عوام کو صدیوں تک تعلیم سے بے بہرہ رکھا۔ یہ کس کے ہاتھ پہ اپنا لہو تلاش کریں۔ عالمی شہرت یافتہ سنگ تراش اور مجسمہ ساز مائیکل اینجلو کے بارے میں مشہور ہے کہ وہ جس پتھر کو ہاتھ لگاتا اور دل سے اس کی تراش خراش کرتا اس کی تقدیر بدل جاتی اور اس نابغہ روزگار سنگ تراش کے خون جگر سے ایسا معجزہء فن منصہ شہود پر آتا جس کو دیکھنے والوں کی آنکھیں کھلی کی کھلی رہ جاتیں۔ کہا جاتا ہے کہ کسی نقاد نے مائیکل اینجلو سے اس کے فن مجسمہ سازی کے اسرار ورموز کے بارے میں استفسار کیا تو اس نے برملا کہا "میں پتھر سے مجسمے کب بناتا ہوں؟ مجسمہ تو پہلے ہی پتھر کے اندر موجود ہوتا ہے۔ میں تو صرف فالتو پتھر ہٹا دیتا ہوں"۔ یہ ہوتا ہے فن کار کے ہاتھ کا کرشمہ۔

ایک سینہ بہ سینہ روایت ہے کہ نادر شاہ کے زمانے میں کابل میں ایک ضعیفہ رہتی

تھی جس کی بے بصری اور کور مغزی کا ایک عالم معترف تھا اس کے باوجود وہ خود کو عقل کل سمجھتی تھی کیونکہ اس کا ایک بیٹا لندن پلٹ فلسفی تھا۔ اس نے ایک مرغ پال رکھا تھا۔ وہ اپنے ہاتھوں سے اسے بادام، اخروٹ، چوری اور میوے کھلاتی۔ مرغوں کی ہر لڑائی میں بڑھیا کا مرغ ہی مرغ میدان بنتا اور مرغوں کی لڑائی جیتنے والے مرغ کے مالک کو سو روپے انعام ملتا وہ مرغ تو سیمرغ کی حیثیت اختیار کر گیا تھا۔ وہ بڑھیا بیمار پڑ گئی اور ایک رات مرغ کا ڈربہ بند کرنا بھول گئی۔ رات کی تاریکی میں ایک نو سو چوہے کھانے والی بلی نے مرغ کی تکہ بوٹی کر ڈالی۔ صبح ہوئی تو بڑھیا نے دو چار پر دیکھ کر اندازہ لگالیا کہ اب اس مرغ میدان سیمرغ کی صرف یہی نشانی رہ گئی ہے۔ اس نشانی کو ہاتھ میں لے کر وہ ایام گزشتہ کی نوحہ خوانی میں مصروف تھی کہ دیوار سے پڑوسن نے جھانک کر آواز دی "کچھ سنا تم نے! رات بادشاہ نادر شاہ درانی ہلاک ہو گیا ہے" مرغ کی مالکن ضعیفہ نے بے توجہی سے کہا" یہاں کلغیوں والے مرغ میدان سیمرغ نہیں رہے نادر و کس شمار اور قطار میں ہے۔ مرغا تو میری زندگی کو غم کا فسانہ بنا گیا۔"

دوسری بڑھیا نے انگشت شہادت ناک پر رکھ کر کہا" سچ ہے تمھارے لیے تو مرغ ہی سب سے بڑا اثاثہ تھا۔ وہ مرغ کیا گیا تمھارے آنگن کا چراغ تمنا ہی بجھا گیا۔"

زمانہ قبل از تاریخ میں بھی انسانوں نے زیبائش و آرائش پر توجہ دی۔ انسانوں نے مختلف اعضا میں پہننے کے لیے جو زیورات تیار کیے ان میں ہاتھوں میں پہننے والے زیورات کو بہت مقبولیت ملی۔

آج بھی جب قدیم کھنڈرات کی کھدائی کی جاتی ہے تو خواتین کے ہاتھوں میں پہننے والے زیورات بڑی تعداد میں ملتے ہیں۔ ان میں سونے اور چاندی کی چوڑیاں، کنگن

، گجرے، کڑے، بہٹا اور گھڑی کا چین

بہت مشہور ہیں۔ اسی طرح جرائم پیشہ افراد کے ہاتھوں میں پہنانے کے لیے ہتھ کڑیاں تیار کی جاتی ہیں۔ ملزم سے اقرار جرم کرانے کے لیے اس کی پیٹھ پر کوڑے برسائے جاتے ہیں اور دوفٹ لمبا، تین انچ موٹا

اور ایک فٹ چوڑا چمڑے کا جوتا ہاتھ میں لے کر کوتوال ان پر ٹوٹ پڑتا ہے۔ پولیس اور ملزموں کا بعض اوقات گٹھ جوڑ بھی ہو جاتا ہے۔ ان حالات میں نورا کشتی کے ذریعے لوگوں کی آنکھوں میں دھول جھونکی جاتی ہے۔ پس عدالت بھی کچھ ہاتھوں کا گمان گزرتا ہے یہ ہاتھ انصاف کے ترازو کو ڈنڈی مار کر مطلوبہ فیصلہ کروا لیتے ہیں۔ ہاتھ کی اہمیت ہر دور میں مسلمہ رہی ہے۔ بو علی غبار ناقہ کے اندر گم ہو جاتا ہے جب کہ رومی کا ہاتھ محمل کے پردے پر اپنی گرفت مضبوط کرنے میں کامیاب ہو جاتا ہے۔ ہاتھ نے ہر عہد میں ید بیضا کا معجزہ دکھایا ہے

بہت پرانی بات ہے۔ جھنگ کے لیلیٰ مجنوں گیٹ کے قریب ایک مجذوب فقیر میاں مودا روزانہ یہ صدا لگا کر گزرتا: "دنیا عجب بازار ہے کچھ جنس یاں کی ساتھ لے، کیا خوب سودا نقد ہے اس ہاتھ دے اس ہاتھ لے" یہ صدا سن کر ایک غریب عورت نے فقیر کو بلایا اور اسے مخاطب ہو کر بولی: "نقد سے تمھاری کیا مراد ہے؟"

فقیر نے کہا" اگر کوئی مجھ ناتواں پر ترس کھا کر ایک روپیہ دے گا تو اسے شام سے پہلے قدرت کاملہ کی طرف سے دس روپے مل جائیں گے۔"

غریب عورت کے گھر میں محض ایک روپیہ موجود تھا، یہی اس کی کل جمع پونجی اور تمام کائنات تھی۔ اس نے آؤ دیکھا نہ تاؤ اسی وقت گھر کی یہ پوری دولت جو ایک روپیہ پر

مشتمل تھی وہ فقیر کے کشکول میں ڈال دی۔ فقیر دعا دے کر چلا گیا۔ عین اسی وقت اس کا شوہر آگیا اور بیوی سے درشت لہجے میں کہا:

" اری نیک بخت لا وہ اکلوتا ایک روپیہ میں ذرا دارو لے آؤں۔ آج طبیعت بہت خراب ہے۔" "وہ روپیہ تو میں نے فقیر کو دے دیا" بیوی نے کہا" فقیر کہہ رہا تھا کہ ایک کے بدلے آج ہی دس مل جائیں گے۔ خالق کے ہاں سودا نقد ہے، یہاں ادھار والی کوئی بات نہیں۔ انتظار کرو شام سے پہلے ایک کے بدلے دس روپے ملنے والے ہیں" بد مزاج شوہر نے اپنا جوتا اتار کر ہاتھ میں لیا اور بیوی کی خوب پٹائی کی، اور اسے طلاق کی دھمکی دی۔ گاؤں والوں نے اس ہاتھا پائی اور محاذ آرائی پر کوئی توجہ نہ دی۔ ایک جہاندیدہ بزرگ کو یہ کہتے سنا گیا:

جب کہ دو موذیوں میں ہو کھٹ پٹ اپنے بچنے کی فکر کر جھٹ پٹ

شوہر کو اپنی بیوی سے یہ شکوہ تھا کہ اس نے گھر کی تمام جمع پونجی ایک ایسے فقیر کو دے دی جو خود کوڑی کوڑی کا محتاج ہے اور در بہ در، خاک بہ سر بھیک مانگتا پھرتا ہے۔ غریب عورت نے ایک مرغا پال رکھا تھا۔ گاؤں کے لوگ اسی مرغے کی ککڑوں کوں سن کر دن کا آغاز کرتے تھے۔ اپنی حسرتوں پر آنسو بہاتے ہوئے غریب عورت نے اپنا مرغا ہاتھ میں تھاما اور زارو قطار روتی ہوئی اپنے میکے روانہ ہوگئی۔ راستے میں تنور پر بیٹھی ہوئی عورتوں کو قہر بھری نظر ڈالتے ہوئے کہنے لگی: " اب میں دیکھوں گی کہ گاؤں میں صبح کیسے ہوتی ہے۔ میں تو اپنا مرغا لے کر یہاں سے جا رہی ہوں۔ گاؤں کی ساری رونق تو میرے مرغے کی وجہ سے ہے۔" ابھی چند قدم ہی چلی ہوگی کہ اسے اپنے سامنے دس روپے کا نوٹ پڑا مل گیا اس نے نوٹ اپنے ہاتھوں میں مضبوطی سے پکڑا اور اپنے شوہر

کے گھر لوٹ آئی۔ اس کا شوہر اس کی اچانک واپسی پر ششدر رہ گیا۔ چند لمحے قبل تو وہ اس قدر غیظ و غضب کے عالم میں تھی کہ ہمیشہ کے لیے گاؤں چھوڑنے کا عزم صمیم کر لیا تھا مگر اب اس قدر مائل بہ کرم کیسے ہو گئی۔ شوہر نے غصے سے پوچھا:

"اب ہو گیا ہو گا اپنی غلطی کا احساس۔ بڑی آئی حاتم طائی کی قبر پر لات مارنے والی۔ "عورت نے بڑے ناز سے دس روپے کا نوٹ دکھاتے ہوئے کہا-" مجھے ایک روپے کے بدلے راستے میں پڑے دس روپے مل گئے ہیں ۔ واقعی سودا نقد ہی ہے۔"

یہ کیفیت دیکھ کر شوہر اپنے کیے پر حد درجہ متاسف ہوا اور بیوی کو منالیا۔ چند روز بعد پھر وہی فقیر آیا عورت نے اسے بلایا اور کہنے لگی:" سودا تو واقعی نقد ہی ہے۔ ایک کے بدلے میں دس بھی ملتے ہیں مگر اس کے لیے جوتے بھی بہت کھانے پڑتے ہیں۔ ہر کسی میں اتنا حوصلہ کہاں کہ ہڈی پسلی ایک کرا کے دس گنا حاصل کرے"

ہاتھوں کے تنوع اور دھنک رنگ منظر نامے کا احوال بیان کرنے کے بعد خیال آیا کہ دست قدرت کے ذکر کے بغیر یہ تحریر تشنہ رہ جائے گی۔ رام ریاض اپنی ایک نعت میں حضور ختم المرسلین ﷺ کے حضور نذرانہ عقیدت پیش کرتے ہوئے لکھتا ہے۔

دست قدرت نے تیرے بعد پھر ایسی تصویر نہ بنائی نہ بنی ہے میرے مکی مدنی ﷺ

ہر ہاتھ کی اہمیت بجا لیکن ایک ہاتھ ایسا بھی ہے جسے آج تک کوئی نہیں روک سکا۔ اس ہاتھ کی وجہ سے ہنستے بولتے چمن مہیب سناٹوں کی بھینٹ چڑھ جاتے ہیں۔ ایسے تمام رشتہ و پیوند جنھیں ہم دیکھ کر جیتے ہیں اس ہاتھ کے باعث قصہ ء پارینہ بن جاتے ہیں۔ یہ ہاتھ آن کی آن میں جاہ و حشم کے سفینے الٹ دیتا ہے اور حزم و احتیاط کے قرینے پلٹ دیتا

ہے۔اس کے ستم سے آنکھوں سے جوئے خوں رواں ہو جاتی ہے اور یہ روح کو زخم زخم اور دل کو کرچی کرچی کر دیتا ہے۔یہ اجل کا ہاتھ ہے اس میں دائمی مفارقت دینے والوں کے ناموں کی فہرست ہوتی ہے۔فیض احمد فیض نے کہا تھا:

اجل کے ہاتھ کوئی آرہا ہے پروانہ
نہ جانے آج کی تحریر میں رقم کیا ہے

فکری اعتبار سے ہمارے ساتھ المیہ یہ رہا ہے کہ ہم نے ہاتھوں میں گھڑی تو باندھ رکھی ہے مگر گھڑیال کی منادی سے یکسر غافل ہیں جو ببانگ دہل یہ کہہ رہا ہے کہ اے غافل انسانو! فلک پیر کے ہاتھوں نے تمھاری عمر سے ایک گھڑی اور منہا کر دی ہے۔کیسے کیسے تخلیق کاروں کے ہاتھ تقدیر نے ہمیشہ کے لیے تاب وتواں سے محروم کر دیئے۔زمانہ لاکھ گردش کرے اب ایسے نابغہء روزگار تخلیق کار پھر جنم نہیں لے سکتے۔کاش ہمیں قدرت کاملہ کے ہاتھوں وہ بصیرت اور دل بینا عطا ہو جو ہمیں ازلی اور ابدی صداقتوں کے احساس و ادراک سے متمتع کر دے۔فرصت زندگی بہت کم ہے اس سے پہلے کہ فرشتہ اجل کے ہاتھوں زندگی کی شمع گل ہو جائے ہمیں یہ جان لینا چاہیئے کہ جو دید مل جائے وہ مغتنم ہے۔آیئے ہم سب مل کر ہاتھ اٹھائیں کہ نگار ہستی زہر امروز کے جام کو شیرینیء فردا سے معمور کر دے۔ہم سب کے دلوں کو مرکز مہرو

وفا کر کے حریم کبریا سے آشنا کر دے اور ہم کسی کے دست نگر نہ رہیں۔ادب کے شعبے میں چربہ ساز،سارق ،کفن دزد اور لفاظ حشرات سخن کے ہاتھ سے کوئی ادب پارہ محفوظ نہیں رہتا۔ان عناصر کی خوئے بد اور جسارت سارقانہ کے ہاتھوں اہل علم و دانش کو جو ستم سہنے پڑتے ہیں ان کے تصور سے کلیجہ منہ کو آتا ہے۔اس سے پہلے کہ کوئی مردہ

اپنے ہاتھ سے اپنا گرد آلود کفن پھاڑ کر میری اس تحریر پر ہاتھ صاف کرے میں اسے قارئین ادب کے حوالے کرتا ہوں تا کہ وہ اپنے ہاتھوں میں قلم تھام کر انصاف کے ترازو کے بارے میں اپنی وقیع رائے دے سکیں۔ مجھے کسی ایسے شخص سے کلمہ ء خیر کی توقع نہیں جو اپنے ہاتھ میں سونے کا قلم تھامے ہوئے اپنے مسخرا پن سے متوجہ کرے اور قلم بہ کف حریت فکر کے مجاہدوں کے غیر مختتم مسائل کے عقدے حل کرنے کے سلسلے میں رواقیت کا داعی بن بیٹھے۔ ایسے چیرہ دستوں کو وقت کے ہاتھوں اپنے انجام کا منتظر رہنا چاہیے۔

***

جدید عاشق اور ہوائی قلعے

حافظ مظفر محسن

"ہوائی قلعے اور شاہی قلعے میں کیا فرق ہے" میرا یہ سوال دوستوں کو پسند آیا اور سب گہرائی میں جانے لگے۔ حالانکہ شاہی قلعے بھی آجکل ہوائی قلعے بن چکے ہیں۔۔ اور ہوائی قلعے بنانے والے شاہی قلعوں سے بھی بڑے بڑے قلعے بنا رہے ہیں اور جاگتے میں سہانے خواب دکھا رہے ہیں۔ محمد فائید نے ہمیں شرمندہ کر دیا جب شاہی قلعہ میں پھرتے ہوئے اچانک وہ بول اٹھا۔ "کس احمق نے اس شاہی قلعہ کا نقشہ بنایا تھا۔ کون تھا وہ بیوقوف جس نے اتنی بڑی عمارت افراتفری میں کھڑی کر ڈالی۔۔۔ نہ سیکورٹی کا انتظام نہ بلٹ پروف گاڑی کی پارکنگ ہاتھیوں کے لئے بہت بڑی شیڈ بنا دی ہے نا جانے کیوں؟ انسانوں سے زیادہ شاید مغلوں کو ہاتھیوں سے پیار تھا۔

نہ ہی اتنے بڑے بڑے کمروں کے ساتھ اٹیچ باتھ بنے ہیں اور نہ ہی کمپیوٹر نیٹ ورکنگ کے لئے وائرنگ کی گئی۔ اکبر بادشاہ دوستوں کو ای میل کیسے کرتا ہوگا۔ میں اب سمجھ چکا تھا کہ محمد فائید کہنا کیا چاہتا ہے۔ اس کے دل میں چھپی اصل بات کیا ہے اسے ای میلز نہ بجھوانے پر گھبراہٹ سی محسوس ہو رہی تھی حالانکہ آج کی گرم گرم خبر میں یہ بات سامنے آئی کہ سرکاری ملازم محکمہ زراعت کا ایک افسر محمد الیاس روز سینکڑوں ای میلز ایک شخصیت کے حضور پیش کرتا ہے۔۔۔ وہ ان ای میلز میں مرحوم احمد فراز کے

اصلی اور ان کی وفات کے بعد بنے نوجوانوں کے تیار کردہ نقلی اشعار بھی پیش کرتا چلا جارہا ہے۔ اس سارے محنت طلب عمل سے بھی جب اس کی تسلی نہ ہوئی تو اس نے پرانے عاشقوں کے عشقیہ خطوط نکالے۔۔۔ وہ کتابیں نکالیں جن میں ناکام عاشقوں کے حالات، ریفرنس بکس سٹوریں جن میں سزائیں اور انجام بتائے گئے تھے جب کچھ سمجھ نہ آیا تو اس نے بڑے منہ والی سرنج پکڑی اپنی بازو میں سے گزرتی نالی میں ڈالی۔۔۔ جب خون بہنے لگا تو اس نے پیالہ آگے کر دیا۔۔۔ پیالہ بھرا اور نہایت خوبصورت قلم سے اس نے سفید کاغذ پر عشقیہ خطوط اگلنے شروع کر دیئے۔ خون سے لکھی تحریر شاید زیادہ پر اثر ہوتی ہو۔ اور ساتھ ساتھ۔۔۔ شور مچانا شروع کر دیا۔

نامہ بر حال میرا ان سے زبانی کہنا

خط نہ دینا کہ وہ اوروں کو دکھا دیتے ہیں

حالانکہ اگر عقل ہوتی تو محمد الیاس موبائل فون کا سہارا لے لیتا کیونکہ اسے میرے اندازے سے سہاروں کی ہی ضرورت ہے۔ وہ خود بھی محترمہ سے ملنے اپنے خطوط کے پیچھے پیچھے سسّی پلیجو (وزیر صاحبہ) کے حضور پیش ہو گیا۔ سلام نہ دعا۔ گلہ کرنے لگا۔ آہیں بھرتے ہوئے۔۔۔ ڈرتے ڈرتے۔۔۔ مدعا بیان کر دیا سب کو حیران اور پریشان کر دیا۔

"سینکڑوں ای میلز اور بڑی بالٹی بھر خون سے لکھے خطوط آپ کو بھیجے گئے۔۔۔ مجال ہے آپ کے جذبات پر جوں تک رینگی ہو۔۔۔ یہ ظلم نہیں تو اور کیا ہے۔۔۔ اس سے بڑی بے اعتنائی کیا ہو گی اور پھر شروع ہو گئی۔ محمد الیاس کی دھنائی۔۔۔ ساتھ ساتھ جگ ہنسائی۔۔۔ اور چھپنے لگیں تصویریں محترمہ سسّی پلیجو صاحبہ کیں۔۔۔ لوگ اب تک محمد الیاس کو دیکھنا چاہتے ہیں جس نے پودوں جھاڑیوں، درختوں، سبزیوں اور پھلوں کو

چھوڑ کر صرف پھولوں کا پیچھا شروع کر دیا۔۔ بلکہ اتنی بڑی مقدار میں ای میلز اور خطوط لکھ ڈالے جن کا بوجھ کوئی بھی برداشت نہیں کر سکتا۔ اتنی وزن دار قلم کاری۔۔۔ توبہ توبہ۔۔عاشق پریشان ہیں قبر میں بیٹھے مجنوں، رانجھے، مہینوال نئے دور کے عاشق محمد الیاس کو "بک اپ" کر رہے ہیں۔۔اور اس کے ساتھ بے چارے سرکاری ملازم پریشان۔(بھئی سرکاری ملازموں کے نام پر دھبہ ہے یہ محمد الیاس)۔

بات شروع ہوئی تھی محمد فائید کے دورہ شاہی قلعہ سے کہ جس میں اس معصوم نے ہزار سال حکومت کرنے والے مغل بادشاہوں کو آڑے ہاتھوں لیا۔۔۔میرا دل چاہا کہ میں فوری طور پر شاہی قلعہ کا تفصیلی دورہ کروں اور میں بچوں کے ساتھ شاہی قلعہ جا پہنچا۔میں قلعہ میں داخل ہوا۔ مین انٹری سے لگتا تھا کہ اس قلعہ میں بڑے بڑے (نیٹو والے) ٹرالے آتے رہے ہیں۔ اکبر بادشاہ کے دور میں " جن میں شاید ہاتھیوں" کے لئے چارہ آتا ہو گا۔۔"معصوم بچوں میں سے ایک نے میری بات کو بڑھاتے ہوئے کہا۔۔بائیں طرف بہت بڑی بڑی لمبائی چوڑائی میں بے حد وسیع سیڑھیاں تھیں۔"انکل لگتا ہے اکبر بادشاہ یہاں ہاتھیوں کا امتحان لیتا ہو گا کہ دیکھتے ہیں یہ سیڑھیاں سب سے پہلے کون سا ہاتھی چڑھتا ہے" بچے نے وضاحت کی اور مجھے اس کی یہ بات سچ لگی۔۔۔ سامنے دربار عام دربار خاص تھے۔۔ انکل یہ دربار عام جو ہے اس میں جب بارش ہوتی ہو گی تو سب "عام" بھیگ جاتے ہوں گے اور ادھر ادھر کوئی خاص جگہ بھی نہیں کہ جہاں وہ بارش سے بچنے کے لئے چھپتے ہوں گے واہ بچے نے کیا نکتہ نکالا ہے"لیکن غور کریں" ۔۔ایک بچہ بولا "اکثر اوقات بادشاہ سلامت یا ہاتھیوں کے مقابلہ سیڑھیاں اترنا چڑھنا دیکھنے میں مصروف ہوتے ہوں گے، یا شکار پر گئے رہتے ہوں گے یا پھر "جنگ" کہ لمبی چوڑی جنگیں بھی تو اس دور میں اکثر جاری رہتی تھیں اور رہی بات خاص طور پر اکبر

اعظم کی تو وہ کافی عرصہ "دین الٰہی" تیار کرنے میں مگن رہے ہوں گے۔ آخر پوری دنیا کو بیوقوف بنان تو آسان کام نہ تھا۔۔ اور۔۔ اور جو ہر مذاہب (ہندو، مسلم سکھ) سے ان کی شادیاں اور بہت سی بیویاں تھیں اور پھر سبھی بیگمات کے سسرالی رشتے دار۔۔ "سب نے سر پکڑ لئے" اکبر بادشاہ کی زندگی کا بہت سا حصہ تو ان جھمیلوں میں ہی گزرا ہوگا۔۔۔ اور سوچنے کی بات ہے کہ وہ اپنی بیویاں تو دور کی بات ہے سسرالیوں کو جو کہ بہت بڑی تعداد میں تھے کیسے خوش رکھ پاتا ہوگا؟ اور جو سسرالیوں کو خوش نہ رکھ سکا تاریخ گواہ ہے کہ وہ ایک خوش کن زندگی سے محروم ہی رہا۔ سسرالی گدگدی بھی کریں تو گہرا زخم بن جاتا ہے۔ ایک اندازے کے مطابق اکبر بادشاہ کی جتنی بیویاں تھیں اس کے سالے سالیوں کی تعداد بھی ہزار دو ہزار سے زائد ہوگی؟

ہم شاہی قلعہ میں گھوم رہے تھے کہ ایک انگریز سیاح سامنے سے آتا نظر آیا۔ ہم نے ہائے۔۔ ہائے۔۔ ہیلو ہیلو کی تو وہ بہت خوش ہوا اور پہلا ہی سوال اس نے سیاسی کر دیا۔ "وائی زرداری ناٹ سٹے ان فورٹ" "زرداری صاحب نے اپنی رہائش گاہ کے طور پر شاہی قلعہ کو کیوں نہیں چنا"۔ احمد بول پڑا۔۔۔ دیکھ لیں جو بات صدر زرداری کے ذہن میں نہیں آئی۔ جو پوری پاکستانی قوم نہ سوچ سکی وہ اس جدید قوم نے سوچ لی۔۔۔ اور سوال کر کے ہمیں پریشان بھی کر دیا۔۔۔ پھر ہم آپس میں بحث کرتے ہوئے الجھنے لگے کہ کیوں نہ یہ بات رحمان ملک کے ذہن میں آئی کہ صدر پاکستان کو اپنا دفتر اور رہائش گاہ تھوڑی بہت تبدیلیوں کے بعد شاہی قلعہ میں رکھنی چاہیئے؟!

رہی بات خوش آمدی کی تو حیرت ہے کہ ڈاکٹر بابر اعوان نے خوش آمد کا یہ عالی شان موقع کیوں ضائع کیا۔۔ دس بیس خود کش ملا کر بھی اس شاہی قلعہ کا کچھ نہیں بگاڑ سکتے کہ جہاں ہاتھی دوڑیں لگاتے ہوں۔۔۔ بڑی بڑی سیڑھیوں پر اچھل کود کرتے ریس

لگاتے موج میلے کرتے ہوں وہاں تو پندرہ بیس وزیروں سفیروں کی رہائش گاہیں بھی آسانی سے بنائی جاسکتی ہیں اس کے علاوہ دل و دماغ بھی فرحت محسوس کر سکتے ہیں۔ بندہ خود کو اکبر اعظم کی طرح محسوس بھی کر سکتا اور انداز بھی ویسا ہی اپنا سکتا ہے۔ (ویسے تو انداز تو ہمارے لیڈروں کا پہلے ہی اکبر اعظم سے بھی بلند ہے) کارکن آنا چاہیں بھی تو کون آنے دے گا۔۔۔ مخالفین وغیرہ وغیرہ تو بہت دور کی بات ہے۔
بس دور ہی سے کرکے سلام۔

دنیا سے آنے والے حکمرانوں پر رعب پڑے گا عمارت کا دبدبہ لوگوں کو گھبراہٹ میں مبتلا کر دے گا اور شاید باہر سے آنے والے جب صدر زرداری کو شاہی قلعہ میں ملنے جائیں تو وہ رعب میں آ کر ان کی سبھی باتیں مان لیں۔۔ من و عن۔۔۔ کچھ سربراہان مملکت دوبارہ سے مغل فن تعمیر کے دلدادہ ہو جائیں اور موجودہ حکمران اپنی رہائش گاہوں کے لئے اپنے اپنے ملکوں میں مغلیہ طرز کے قلعے تعمیر کروانا شروع کر دیں اور مغل فن تعمیر پھر سے فروغ پانے لگے اور دنیا ایک بار پھر مسلمانوں سے متاثر ہونے لگ جائے۔۔ شاہی قلعہ تو اتنا بڑا ہے کہ اس میں چھوٹا سا رن وے بھی بن سکتا ہے۔۔ ہیلی کاپٹر تو آپ جتنے چاہیں اتار سکتے ہیں۔ ویسے آجکل نشے والے جہاز وہاں عام پھرتے ہیں۔
ہاں اس میں ایک قباحت ہے کہ کل کو میاں نواز شریف نہ مطالبہ کر دیں کہ "ہم ٹھیک ہے فی الحال مشرف کی گرفتاری جیسے مطالبے سے تو دستبردار ہو سکتے ہیں لیکن ہمارا ایک نیا مطالبہ ہے کہ وزیر اعلیٰ پنجاب کو دفتر بنانے اور رہائش رکھنے کے لئے آدھا شاہی قلعہ دیا جائے اور ضروری ہے کہ درمیان میں دیوار کھڑی کر دی جائے تا کہ ادھر کے ایم۔این۔اے ادھر اور ادھر کے ایم۔پی۔اے ادھر نہ جا سکیں۔۔۔ اور آخر میں زور دار انداز میں یہ بھی کہتے ہوں کہ اگر لاہور کا شاہی قلعہ آدھا وزیر اعلیٰ پنجاب کو نہ دیا

گیا تو ہم بکرا عید کے بعد بھر پور تحریک چلائیں گے اور اس وقت تک چین سے نہیں بیٹھیں گے جب تک ہمار یہ مطالبہ پورا نہ کیا گیا۔ ہم پھر سروے بھی کروائیں گے کہ زرداری صاحب کا گراف کتنے فیصد بلند ہوا ہے اور نواز شریف کا گراف کہاں ہے"

ہمیں شاہی قلعہ کی ہیبت ناک بلڈنگ بہت پسند آئی بہت خوبصورت دکھائی دی۔ ہم نے پانچ پانچ روپے کے چپس کے پیکٹ لئے اور کھانے میں محو ہو گئے۔ سامنے ایک فقیر آتا دکھائی دیا۔۔ وہ بھی یقیناً ٹکٹ کے پیسے خرچ کر کے شاہی قلعہ میں آیا تھا۔ ہم نے کمال فراخ دلی سے اسے پانچ کا نوٹ دیا۔ اس نے چڑ مڑ کر کے وہ نوٹ ہمیں تھما دیا۔۔ بابو جی پانچ روپے کا کچھ نہیں آتا۔۔ میں اخبار میں "ایڈیٹر کے نام خطوط" میں لکھوں گا اور حکومت سے مطالبہ کرونگا کہ پانچ دس روپے کے نوٹ بند کر دیئے جائیں تا کہ لوگ یہ تکلف کرنے سے باز آجائیں۔۔ ہم، سب اس پڑھے لکھے حسابی کتابی فقیر کو حیرت سے دیکھنے لگے۔۔ ایک بچے نے کہا۔۔ "انکل ایسے ہی ہوتے ہونگے ساغر صدیقی۔۔ سنا ہے وہ بھی ایسے ہی سادہ سے پھٹے پرانے کپڑے پہنے لاہور کی گلیوں میں پھرتے تھے۔۔ سگریٹ کے کش لگاتے ہوئے۔۔ زندگی میں کسی نے ساغر صدیقی کی قدر نہ کی۔ وہ شاہی قلعہ جس میں ہزاروں لوگ سما سکتے ہیں اس کی موجودگی میں ایک "عالم" معروف شاعر ساغر صدیقی شہر کی گلیوں میں جہاں دل چاہتا کسی سیڑھی پر لیٹ جاتا اگر نیند آتی سو جاتا نہ جانے کن سپنوں میں کھو جاتا۔ لیکن وہ چلا گیا تو اب ہم اس کی برسیاں مناتے ہیں۔۔ بڑے بڑے گلوکار ساغر صدیقی کا کلام گا کر شہرت حاصل کر چکے ہیں اور وہ ہوائی قلعے بناتا بھوک افلاس کے ہاتھوں تنگ دنیا سے رخصت ہو گیا۔ ساغر صدیقی کیا خوب کہتا ہے۔۔۔

یہ جو دیوانے سے دو چار نظر آتے ہیں

ان میں کچھ صاحب اسرار نظر آتے ہیں

تیری محفل کا بھرم رکھتے ہیں سو جاتے ہیں

ورنہ یہ لوگ تو بیدار نظر آتے ہیں

میرے دامن میں شراروں کے سوا کچھ بھی نہیں

آپ پھولوں کے خریدار نظر آتے ہیں

کل جنہیں چھو نہیں سکتی تھی فرشتوں کی نظر

آج وہ رونق بازار نظر آتے ہیں

حشر میں کون گواہی میری دے گا ساغر

سب تمہارے ہی طرفدار نظر آتے ہیں

✲ ✲ ✲

بابا جمہورا

غل خان

بابا جمہورا کو میں بزرگ سیاست دان اس لیئے نہیں کہوں گا کہ وہ خود بزرگ ہوں تو ہوں، مگر اس کی سیاست میں ابھی لڑکپن ہے، اس وقت سے سیاست میں ہیں جب انہوں نے ابھی ہوش بھی نہیں سنبھالا تھا، اس کا مطلب یہ نہیں کہ وہ سیاست میں نوادر ہیں، اتنے بڑے سیاست دان ہیں کہ اکیلے پارٹی میں پورے نہیں آسکتے، سو دوسری پارٹیوں سے اشتراک کر کے رہنے کی جگہ بناتے ہیں، کچھ لوگ انہیں اقلیتوں کا رہنما مانتے ہیں، ویسے ان کی پارٹی ممبروں کی تعداد دیکھ لیں تو آپ بھی مان جائیں گے۔

ہمارے ہاں آج کل اگر آپ اپنا شجرۂ نسب اور سارا خاندانی کچا چھٹا معلوم کرنا چاہتے ہیں، تو آپ کو کسی لائبریری میں جانے کی ضرورت نہیں، سیاست میں آجائیں، مخالفین خود ہی بتا دیں گے کہ آپ کے دادپرداد کیا کیا کرتے تھے، نواب زادہ صاحب نے سیاست کو عبادت بنا دیا ہے، جس سے یہ پتہ چلے نہ چلے کہ وہ سیاست کو کیا سمجھتے ہیں، یہ پتہ چلتا کہ وہ عبادت کو کیا سمجھتے ہیں، ان کی پوری زندگی میں ان کی پیدائش کے علاوہ کوئی غیر سیاسی واقعہ رونما نہیں ہوا، وہ تو صبح اٹھ کر سیب بھی یوں کھاتے تھے جیسے اپنی صحت کیلیئے نہیں جمہوریت کیلیئے کھا رہے ہوں، ان کی تو چھینک تک غیر سیاسی نہیں ہوتی، تشدد کے اس قدر خلاف کے اسکول میں ضرب سے کئ کتراتے، تقسیم تو کبھی کی ہی نہیں، البتہ جمع ایسی

کرتے کہ حساب کا ماسٹر حساب داد دیتا، ذہین اتنے کہ جس روز ماسٹر شیو بڑھائے بغیر استری کے کپڑے پہن کر کلاس روم میں آتا، انہیں فوراً پتہ چل جاتا، کہ آج ماسٹر صاحب اردو شاعری پڑھائیں گے ، مزاج ایسا جمہوری کہ ایچی سن کالج میں کرکٹ کھیلتے وقت اردو شاعری کے دوران اسی گیند کو پکڑنے بھاگتے ، جس کی طرف سب سے زیاد کھلاڑی بھاگتے۔

پیر پگارا صاحب کو نابالغ سیاست دان کہتے ہیں، ان کے بقول نواب زادہ کا مطلب ہی نواب کا لڑکا ہے اصغر خان فرماتے ہیں نواب زادہ صاحب 80 فیصد شاعری اور 20 فیصد سیاست کرتے ہیں، انہوں نے سیاست اور اپنی شاعری کی کتاب کا نام جمہوریت رکھا، ایک صاحب سے کہا دیکھیں یہ نام ٹھیک ہے یا بدل دوں؟ اس نے ان کی شاعری پڑھ کر کہا نام تو ٹھیک ہے مگر شاعر بدل دیں۔

حقہ اور نواب صاحب اس قدر لازم و ملزوم ہیں کہ دونوں کی شخصیت ٹوپی کے بغیر مکمل نہیں، مادر ملت فاطمہ جناح نے ایک بار کہا تھا، نواب زادہ نصر اللہ خان حقے کے بغیر کچھ نہیں، حالانکہ ان کے پاس حقہ نہ بھی ہو تب بھی لگتا ہے، کہ ہے، حقے کی نے منہ میں یوں دبائے ہوتے ہیں جیسے مخالف کی گردن، وہ حکم عدولی برداشت کر لیتے ہیں، مگر حقہ عدولی نہیں، حقہ وہ ساتھی ہے جو اس وقت بولتا ہے جب آپ چاہتے ہیں، مارشل لاء کے دنوں میں جب کوئی نہیں بولتا، حقہ پھر بھی بولتا ہے م حقہ اجتماعیت کی علامت ہے اور سگریٹ الگ الگ کرنے کی، وہ سیاست کا حقہ ہیں، جس کے گرد کئی پارٹیاں کش لگا رہی ہیں، ان کی پسندیدہ موسیقی تازہ حقے کی آواز ہے، وہ حقہ نہ بھی پی رہے ہوں، پھر بھی دھواں دیتے ہیں، سگار بھی پیتے ہیں، جس کی ایک وجہ تو یہ ہے کہ سگار صرف پیئے ہی جا سکتے ہیں کھائے جانے سے تو رہے۔

کھانے میں مچھلی پسند ہے ، مچھلی اور سیاست دانوں میں یہ قدر مشترک ہے کہ دونوں سانس لینے کیلئے منہ کھولتے ہیں، البتہ ایک مچھلی پورے جال کو گندا کر دیتی ہے مگر وہ سیاست دان مل کر بھی یہ نہیں کر سکتے ، البتہ نہ مل کر کر سکتے ہیں، جمہوریت کیلئے کوشش کرنے والوں کو جو پھل ملتا ہے، وہ نواب صاحب کے باغ کے آم ہوتے ہیں، جو عام نہیں ہیں، ہمیں تو آم میں یہی خوبی لگتی ہے ، کہ یہ کھایا بھی جا سکتا ہے اور پیا بھی، انہیں سنترہ بھی اچھا لگتا ہے مگر ہمیں تو سنتری کا مذکر لگتا ہے۔

نواب زادہ صاحب کئی دہائیوں سے وہی کر رہے ہیں جس کی دہائی آج دے رہے ہیں، وہ ہے اتحاد بنانا، ہر حکومت کے خلاف اتحاد بناتے ہیں، جس کی حکومت کے خلاف اتحاد نہ بنائیں، اس میں اتحاد نہیں رہتا، ان کا بنایا اتحاد اتنا پائیدار ہوتا ہے کہ اب تو لوگ انہیں اپنے بچوں کی شادیاں پر بھی بلانے تاکہ نومولود اتحاد اٹوٹ ہو، ان کی طبعیت خراب ہو تو ڈاکٹر کہتا ہے ، تین دن تک نہار منہ اتحاد بنائیں، انشاء اللہ افاقہ ہو گا، شیاد اس کی وجہ یہی ہو کہ اس میں بہت سے لوگ اتحاد کرے یوں گاتے ہیں کہ کسی ایک کی آواز بھی صاف سنائی نہیں دیتی، قوالی بندہ فاصلے سے سنے تو بہت مزہ آتا ہے، یعنی اتنے فاصلے سے جہاں تک آواز نہ آتی ہو۔

سیاست کو انہوں نے کبھی دکان نہیں سمجھا، ویسے بھی سیاست میں دکان تو کیا، ایک کان کی بھی ضرورت نہیں، البتہ زبان چاہیئے اور ان کی زبان ایسی ہے کہ اتنی ان کہ منہ میں نہیں رہتی جتنی صحافیوں کے کانوں میں رہتی ہے، ان کی تقریر بہرے بھی سمجھ جاتے ہیں، کیونکہ اتنا منہ سے نہیں، جتنا ہاتھوں سے بولتے ہیں، ہر سوال کا جواب سوچ کر دیتے ہیں، نام تک پوچھیں تو سوچ میں پڑ جائیں گے ، گفتگو کا ایسا انداز کہ بندہ بات سننے سے پہلے کنونس ہو جائے ، شاید کنونس ہونے کی وجہ بھی یہی ہو، ویسے ہم ایک ایک ایسے سیاست

دان کو جانتے ہیں جو روز کنوسنگ کیلیئے نکلتے ہیں، کئی دنوں کے بعد آخر ان سے ایک خاتون کنونس ہو ہی گئیں، اب وہ ماشاء اللہ ان کے بچوں کی ماں ہیں، نواب صاحب کی تقریر کا آغاز اور انجام تقریر کو دلکش بنا دیتا ہے، تقریر اور بھی دلکش بن سکتی ہے بشرطیکہ اختتام آغاز سے پہلے کا ہو۔

وہ ان سیاست دانوں میں سے ہیں جو عوام کے نمائندہ نہیں، سیاست دانوں کے نمائندہ ہوتے ہیں، وہ غور ہے، نواب صاحب پوزیشن بنا کر نہیں اپوزیشن بنا کر خوش ہوتے ہیں، وہ پیدائشی حزب اختلاف ہیں، اب تو انکی اس عادت کی وجہ سے یہ صورتحال ہے کہ اگر وہ کسی بات پر فوراً متفق ہو جائیں تو لوگ پریشان ہو جاتے ہیں، کہ اللہ کرے ان کی طبعیت ٹھیک ہو، گھڑ سواری کرتے ہیں، اب بھی کرسی پر بیٹھے باتیں کرتے ہوئے دائیں ٹانگ سے کرسی کو ایڑھ لگا رہے ہوتے ہیں، ٹانک اس قدر پسند ہے کہ کھانے میں مچھلی کا بھی لیگ پیس ہی مانگتے ہیں۔

مارک ٹوئن نے کہا ہے صحت مند رہنے کا ایک ہی طریقہ ہے کہ وہ کھاؤ جو آپ پسند نہیں کرتے، وہ پیو جو آپ نہیں چاہتے اور وہ کرو جو آپ ویسے بھی کبھی نہ کرتے، اس حساب سے انہوں نے کبھی صحت مند رہنے کی کوشش نہیں کی، پرانی چیزیں دیکھنا پسند ہیں، اس لئے کمرے میں شیشہ ضرور رکھتے ہیں، اپنی چیزیں نہیں بدلتے، ان کا وہ برش ہس سے شیو کرتے وقت صابن لگاتے ہیں، اتنا پرانا ہو گیا ہے کہ اس کے آدھے بال سفید ہو چکے ہیں، جمہوریت میں مارشل لاء کی راہ ہموار کرتے ہیں، مارشل لاء میں جمہوریت کی راہ بناتے ہیں، اور ہمیشہ راہ میں ہی رہتے ہیں، حکومت میں کبھی نہیں رہے کیونکہ کبھی عہدہ ان سے بڑا ہوتا ہے اور کبھی وہ عہدے سے بڑے نکلتے ہیں، مظفر گڑھ جو کبھی ان کا گڑھ تھا اب ان کیلیئے گڑھا بن چکا ہے، جنرل ضیاالحق کے جنازے پر نہ گئے مگر غفار خان کے

جنازے پر گئے جس کی وجہ یہ بتائی جاتی ہے کہ وہ سرحدی گاندھی غفار خان کے جنازے پر یہ یقین کرنے گئے تھے، کہ واقعی سرحدی گاندھی غفار خان مر گئے ہیں۔

مزاج ایسا کہ سردیوں میں گرمیاں اور گرمیوں مین سردی چاہتے ہیں، صحافی ان کے پاس خبر لینے یوں جاتے ہیں جیسے ان کی خبر لینے جارہے ہوں، بھینسیں پالنے کا شوق ہے، سنا ہے جو بھینسیں پالتے ہیں، وہ اچھے شوہر ثابت ہوتے ہیں، اس قدر وضع دار کہ جس جگہ ایک بار پاؤں پھسلا، جب بھی وہاں سے گزرے، پھسل کر ہی گزرے، ان کی پوری زندگی سے یہی نتیجہ نکلتا ہے سیاست بچوں کا کھیل نہیں، بوڑھوں کا ہے۔

***

آپ ضرور 'ہِٹ' ہونگے

زبیر حسن شیخ

آج شیفتہ چمن میں بقراط اور انکے صاحبزادے سقراط کے ساتھ گفتگو کرتے پائے گئے۔شاید نئی نسل کے رجحان کے متعلق تحقیق کر رہے تھے کہ مستقبل میں اب نیا کچھ اور ہونا باقی تو نہیں ہے۔۔۔بقراط کہہ رہے تھے، حضور۔۔جدید نسل بہت سمجھدار واقع ہوئی ہے اور علوم و فنون میں ترقی کی راہ پر گامزن ہے۔۔۔شیفتہ نے پوچھا، آپکے صاحبزادے میں بھی کیا کچھ ترقی کے آثار نظر آئے ہیں؟۔۔۔کہا۔۔۔جی ہاں، کل ہی یہ ایک جگنو کو دن دہاڑے پکڑ کر گھر لایا تھا۔۔۔اور اسے موبائیل کے چارجر سے جوڑ کر چارج کرنے کی کوشش کر رہا تھا۔۔۔بلکہ چند مغربی اداروں سے ملکر یہ تحقیق بھی کر رہا ہے کہ جنگی پیمانے پر جگنوؤں کی افزائیش نسل کا انتظام کر ان سے برقی توانائی کیسے حاصل کی جائے۔۔۔فرمایا۔۔۔مودی راجہ کو یہ تحقیق آپ لوگوں نے بتائی یا نہیں، وہ اس تحقیق کو ضرور گود لینگے۔۔۔ہاں مگر خیال رہے کہ وہ جنگی پیمانوں پر کوئی بھی کام کرنا نہیں چاہتے، سب کچھ 'ہٹ' کے تحت انجام دینا چاہتے ہیں۔۔۔پڑوسیوں کو بھی انہوں نے یہی یقین دہانی کرائی ہے، خاصکر نیپال کو اپنی HIT کی اختراع کے تحت حالیہ دورے میں یقین دلایا ہے۔۔۔بقول انکے 'ہٹ' مخفف ہے 'ہائی وے، انٹرنیٹ کمیونیکیشن اور ٹرانسپورٹیشن کا" جس میں برقی توانائی اور دیگر تمام توانائی کا لین دین بھی شامل ہے۔۔۔بی جے پی کا

الکشن کے بعد عجب حال ہوا ہے کہ۔۔۔ "تڑپ کے ہجر کے ماروں کی، خیر رات کٹی۔۔۔ پڑی ہے یہ کہ دکھاتی ہے اب سحر کیا کیا"۔۔۔ آپ کو پتہ نہیں مودی راجہ کی 'ہٹ' 'لسٹ' میں کیا کچھ مخفی ہے۔۔۔اب وہ جہاں جہاں پڑوس میں جائینگے یا جب جب پڑوسیوں سے ملیں گے، مدعا 'ہٹ' ہوگا! حالانکہ معنی و مفہوم ہر جگہ جدا ہونگے۔۔ فرمایا۔۔ ریاست گجرات کی ترقی کا راز اسی 'ہٹ' میں پوشیدہ تھا۔۔۔ اب ہندوستان جس کے باشندے ہندی کہلاتے آئے ہیں اور جنہیں اب ہندو کہلوانے کی تحریک کو 'ہٹ' کرنے کے لئے مودی سرکار کے جد اعلی نے حکم بھی سنا دیا ہے۔۔۔ بلکہ ایسی تمام تحریکوں کا الگ سے سرکاری بجٹ بھی بنایا ہو گا۔۔۔ جس میں مشن ۴۴ اور آرٹیکل ۳۷۰ کے علاوہ 'یونیفارم سول کوڈ' ۔۔۔ کے امور بھی شامل کیے گئے ہونگے۔۔۔ یونیفارم سول کوڈ کا شور مچا کر مسلمانوں کو خوفزدہ کرنے کے علاوہ انکے جد اعلی کے پاس اور کچھ باقی نہیں رہا۔۔۔ دشمن ویسے بھی مسلمانوں کی حالت زار دیکھ کر اسقدر خوش نہیں ہورہے ہیں جسقدر انکا جذبۂ ایمانی دیکھ کر خوفزدہ ہورہے ہیں، اور صیہونی چنگیزیت کی غزہ میں حالیہ شکست اسکی زندہ مثال ہے۔۔۔

ہندوستان میں توگڑیا جیسے چھچھوروں کی مکروہ مسکراہٹ کے درمیان خوف کی سیاہی بھی صاف دیکھی جاسکتی ہے۔۔۔ یونیفارم سول کوڈ سب سے پہلے 'ہندوازم' کو 'ڈی کوڈ' کریگا اور اسے سب سے چھوٹی اقلیت ثابت کرکے چھوڑے گا۔۔۔ اس کوڈ کا تنور ذرا گرم تو ہونے دیجیے پھر دیکھیے گا کہ کیسے بدھ ، جین، مسیحی اور سکھ برادری اور پھر انکے بعد چھتری، ویش اور شدر سب سرکار کے منہ پر راکھ ملتے ہیں، بلکہ جنوبی ہند اور بنگال و آسام کی ریاستیں بھی اپنی اپنی روٹیاں سینکنے کے لئے آٹا گوندھ کر بیٹھی ہیں۔۔ اور لسانی تنازعات کا مسالحہ بھی پیس چکی ہے۔۔۔ اور ہاں کچھ "نان سول کوڈز" کے بھی امور ہیں

جن میں سے چند ایک کی جھلک اتر پر دیش میں بلکہ شمالی ہند کی مختلف ریاستوں میں پچھلے چند ماہ سے مسلسل نظر آ رہی ہے۔۔۔ فرمایا، لیکن اب کیا کیا جائے کہ اتر پر دیش کی مقامی سرکار جو کبھی 'خوش خیال' ہوا کرتی تھی، اب ان کی پارٹی کا حال حزب مخالف اور دیگر تمام پارٹیوں سے کچھ مختلف کہاں ہے۔۔۔ سب اپنے اپنے مکافات عمل کا حساب دے رہے ہیں۔۔۔ جن سیاسی پارٹیوں پر ووٹوں کی بارش ہوا کرتی تھی انکا یہ حال ہوا ہے کہ بقول شاعر۔۔۔ "دلی میں آج بھیک بھی ملتی نہیں انہیں۔۔۔ تھا کل تلک دماغ جنہیں تاج و تخت کا"۔۔۔ اور خیر سے جنہیں ملنے لگی ہے وہ اس کہانی کا کردار نظر آتے ہیں جس میں قسمت کی دیوی راتوں رات مہربان ہوتی اور پھر روٹھ جاتی، کیونکہ سوالی کی حرص اور کینہ پروری ختم ہی نہیں ہوتی، حتی کہ دامن پھٹ جاتا اور سب کچھ زمین پر گر کر مٹی ہو جاتا۔۔۔ دلی جو ہندوستان کی سینکڑوں برس پر مشتمل اعلی تہذیب و تمدن کی شاہد ہے، اور جس کے نشان تغیر حالات کے باوجود مٹائے نہیں جا سکے، وہاں غلاموں سے لے کر شہنشاہوں، فقیروں اور درویشوں نے بھی حکومت کی تھی۔۔ اور عظیم الشان حکومت کی ایسی بنیادیں رکھی تھیں کہ آج بھی جس پر کھڑے ہو کر حکمران جمہوری خطبہ پڑھتے ہیں اور جس پر بیٹھ کر راج کرتے ہیں۔۔۔

فرمایا، راجہ جی ضرور 'ہٹ' ہونگے۔۔۔ انہیں کچھ تاریخی حقائق جاننا ضروری ہیں تاکہ اپنی پارٹی کے جد اعلی کی تک بندی پر واہ واہ کہنے سے پہلے انسانی تاریخ، تہذیب، اقوام اور مذاہب پر کچھ تفکر کر لیں۔۔۔ جن لوگوں کو دعوی تھا صدیوں پرانی تہذیب کے علمبردار ہونے کا وہ یہ بھول گئے کہ تہذیبیں 'چانکیہ نیتی' سے پرورش نہیں پاتی، اور نہ ہی آلودہ اور غیر مستحکم عقائد سے، اور نہ ہی چھوت چھات، رنگ نسل زبان اور علاقائی تعصبات کو پروان چڑھانے سے، نہ ہی دور جدید کی طوائف الملوکی اور جعلی جمہوریت

سے۔۔۔ تاریخ میں تبدیلی تو کی جاسکتی ہے لیکن تاریخ بنائی نہیں جاسکتی کہ تاریخ بنانے کے لئے اپنی تہذیب اپنا تمدن متعارف کرانا ہوتا ہے، تدریجاً انکی پرورش انکی ارتقا کرنی ہوتی ہے۔۔ ان سب کے علاوہ نقالی، بدعنوانی، فحاشی و عریانی بغض و عناد اور انحراف حق سے تہذیب تو دور کی بات ہے انسانیت بھی پروان نہیں چڑھتی، اور یہی وہ سچائی تھی جس سے تہذیب یافتہ اہل مغرب نے بھی پلو جھاڑ لیا تھا۔۔۔ تہذیب کو بام عروج تک پہنچانے کا دعوی کیا لیکن انسانیت کو ایسا زوال دیا کہ اسے دوبارہ بام عروج پر لے جانے کے لئے دنیا میں ایک قیامت صغری ضروری ہوئی۔۔۔

اسی تہذیب جدیدہ میں پھر "ٹیسٹ ٹیوب" تجربات سے نکلے چند انسان نما جانوروں کو خالق حقیقی سائینسی خدا نظر آنے لگا۔۔۔ ظاہر ہے جس انسان کو درد زہ کی حقیقت معلوم نہ ہو اور نہ ہی اپنی ماں کا اتہ پتہ اور جس نے سائینسی تجزیات و مشاہدات کی بدولت سائینسی آلات وکیمیات کے درمیان آنکھیں کھولی ہونگی، اور آنکھ کھولتے ہی جسے ہر ایک تہذیب کا فرزند اپنا باپ لگا ہو اسے شرک اور شریک کی حقیقت کیسے معلوم ہوگی، اسکے نزدیک خالق حقیقی کا تصور ایک سائینسداں سے زیادہ نہیں ہوگا۔۔۔ مثل مشہور ہے کہ ساون کے اندھے کو سب ہرا نظر آتا ہے۔۔۔

ایسی ٹیسٹ ٹیوب نسل کا مسئلہ یہ رہا ہے کہ انہیں مسلم نام بے حد پسند آتے ہیں اور یہ سائینسی مینڈک اپنے نام کے آگے میاں کا لاحقہ لگا کر پھولے نہیں سماتے۔۔۔ فرمایا، انسانی تاریخ کا ایک المیہ یہ بھی ہے کہ بیسویں صدی کے آتے آتے تہذیب کا مفہوم ہی بدل دیا گیا۔۔۔ اسکے بے شمار عناصر کو نکال باہر کر دیا گیا اور ان عناصر کے عین مخالف متضاد عناصر شامل کر لئے گئے۔۔۔ تہذیب سے عقائد کو نکال کر کہانیاں، رہن سہن کو نکال کر فیشن، روحانیت کو نکال کر مادیت، صفت کو نکال کر تعداد، توازن کو نکال کر تجاوز،

دانا و بینا قانون کو نکال کر اندھا قانون، حب الوطنی کو نکال کر وطن پرستی، عائلی نظام کو نکال کر فاعلی نظام، تجارت کو نکال کر منفعت، تحریم نسواں کو نکال کر آزادی نسواں اور اخلاقیات کو نکال کر آزادی انساں داخل کر دی گئی، بالآخر صدی کے اختتام پر تہذیب سے انسان کو باہر نکالا جانا باقی تھا۔۔۔ لیکن یہ نہ ہو سکا تو کہیں اسے جانور بنا کر پیش کر دیا تو کہیں بھگوان، کہیں 'گاڈ' اور کہیں سائینسی خدا۔۔۔

فرمایا، دیومالائی عقیدے کے ماننے والے دنیا کے ہر گوشے میں ہر دور میں رہے ہیں اور انکے دیوتاؤں کی اپنے اپنے علاقے تک شناخت محدود رہی، مثلاً یونان و مصر کے دیو مالائی کردار کی شکلیں اور نام انہیں کے اپنے معاشرے اور تہذیب کی عکاسی کرتے۔۔۔ مورتی پوجا کا چلن ہر دور میں اور ہر علاقے میں تغیرات و تفرقات کا شکار رہا اور زبان اور بولیوں کے تحت مورتیوں کو مختلف نام دے دئے جاتے۔۔۔ فن مصوری جو تصور پر منحصر ہے، اور تصور جو انسانی معاشرے اور خارجی عوامل واشکال وہیئت سے متاثر ہو کر ذہن میں پیدا ہوتا ہے، مورتیوں کو مختلف اشکال میں ڈھالنے کا باعث بنتا گیا۔۔۔ اس میں خاندان اور قوم کے بزرگوں، قبیلے کے سرداروں اور راجاوں کے بت بھی احتراما بنالئے جاتے۔۔۔ اور پھر نسل در نسل، سفر در سفر یہ جاننا مشکل ہو جاتا کہ کون سے بت کی اصل کہاں سے ہے۔۔۔ ہندوستان میں یہ چلن آج بھی قائم ہے۔۔۔

بزرگوں، رہنماؤں، فلمی اور سیاسی کرداروں اور یہاں تک کہ غنڈوں اور شیطانوں کے کارہائے نمایاں دیکھ کر احتراما انکے پتلے بنائے جاتے ہیں۔۔۔ بلکہ آجکل تو ان کی زندگی میں ہی بنالئے جاتے ہیں اور علی الاعلان انہیں بھگوان مانا جاتا ہے، اور باقاعدہ پوجا کی جاتی ہے۔۔۔ شروع میں یہ زندہ بھگوان عجز وانکسار کا مظاہرہ کرتے ہیں۔۔۔ پھر آہستہ آہستہ محبت اور احترام کرنے والوں کو انکے حال پر چھوڑ دیتے ہیں۔۔۔ کچھ کو عقیدت کا

ایسا چسکا لگ جاتا ہے کہ وہ خدا بن بیٹھنا چاہتے ہیں جبکہ ان سے بنا نہیں جاتا۔۔۔ پھر انکے دیوانے احترام سے ایک قدم آگے بڑھکر انکے نام اور مورتیوں کو برکتوں کا ذریعہ سمجھ لیتے ہیں۔۔۔ اور ایک خود ساختہ عقیدہ بھی قائم کر لیتے ہیں۔۔۔ گھر میں تصویر لٹکا کر یا مورتی بٹھا کر، کچھ موجودہ رسم ورواجوں سے مختلف طریقہ کار چرا کر، کچھ اپنے طور پر پوجا پاٹ کے مختلف پیرائے گھڑ لیتے ہیں۔۔۔

ایسے تمام رسم ورواج اور طرز فکر و عمل سے ہندوستان ہی میں نہیں بلکہ دنیا میں بت تراشی اور بت پرستی کی حقیقت کو سمجھا جا سکتا ہے۔۔۔ یہی وجہ ہے کہ آج بھی سناتھن دھرم ہو یا مسیحی دھرم، انکے بنیادی عقائد میں مسلسل تغیر و تبدل جاری ہے اور اسی قدر اختلافات بھی۔۔۔ جس کی سب سے اہم وجہ انکے بنیادی عقائد میں وحدانیت اور ایمان بالغیب سے انحراف کا پایا جانا ہے، یعنی وحدانیت اور ایمان بالغیب کی بنیاد ہی جب نکال دی جائے تو پھر دین و مذہب کی عمارت میں ٹوٹ پھوٹ یقینی ہو جاتی ہے، پھر اس کا ازالہ کرنے کے لئے لیپا پوتی کی جاتی ہے اور جو آج تک جاری ہے، اور جو کھوکھلی اور عارضی تہذیبی ارتقا کا باعث بنتی آئی ہے۔۔۔

اور اس کے سد باب کے لئے خالق حقیقی وقتاً فوقتاً ہر دور میں مختلف خطوں اور قوموں میں اپنے نبی مبعوث فرماتا رہا، جو انسانی تہذیبی اور ذہنی ارتقا کو صراط مستقیم پر قائم کرتے رہے۔۔۔ لیکن پھر کہیں کسی خطے سے دیومالائی تہذیب نمودار ہو جاتی۔۔۔ الغرض ہزاروں سالوں سے یہ سلسلہ جاری رہا اور انسانی تہذیبی اور ذہنی ارتقا کا سفر تمامتر تغیر و تبدل سے گزر کر بالآخر اس مقام پر جا پہنچا کہ خالق حقیقی نے "نہیں ہے کوئی خدا سوائے اس اللہ کے جس کے محمد (ص) رسول ہیں" کی ضرب لگائی اور ختم بھی لگا کر اتمام حجت قائم کر دی، اور ماضی اور مستقبل کی تمام باطل توجیہات اور عقائد کی آلودگی کا قصہ

ہی پاک کر دیا۔۔۔ اور ازلی دین فطرت کو جمال و کمال عطا کر دیا، اور قیامت تک کے لئے انسانی تہذیب اور عقاید کے اصول مرتب کر دئے، اور ماضی کے سارے آلودہ اصول و عقاید کا انکار کر تصفیہ کر دیا کہ اب دین فطرت میں نہ ہی ردوبدل کی کوئی گنجایش رہی اور نہ ہی انسانی عقل کو عذر پیش کرنے کی کہ۔۔۔

ہزاروں سالہ تہذیبی سفر، علوم وفنون، تجربات و مشاہدات و تحقیقات و تجزیات کے حصول کے بعد انسانی عقل اس قابل ہوگئی ہے اور ہوتی جائیگی کہ حق و باطل کے فرق کو سمجھنے میں اس سے کوئی کوتاہی سرزہ نہیں ہونی چاہیے۔۔ اپنی آخری کتاب بطور ضابطہ حیات بھی رہنمائی کے لئے نازل کر دی اور اس کے مکمل تحفظ کی یقین دہانی پر کر دی۔۔۔ لیکن ہوا کیا؟ اور ہو کیا رہا ہے ؟۔۔ بشمول مسلمان ہر ایک مذہب کے ماننے والے کوتاہیوں کے مرتکب ہو رہے ہیں اور ان میں بدترین کوتاہی حق و باطل کا فرق کھو کر شرک کرنا ہے۔۔۔ اور یہ دنیا کے بیشتر حصوں میں ہو رہا ہے۔۔۔

فرمایا، اب ہندوستان کا یہ حال ہوا ہے کہ راجہ جی کے 'ہٹ' ہوتے ہی بے شمار دھرم گرو حرکت میں آگئے۔۔۔ اور ہندو تہذیب، ہندتوا، سناتھن دھرم، آریہ دھرم پر بحث مباحثے ہونے لگے۔۔ افواہوں کا بازار گرم کر اقلیتوں کو خوف زدہ کیا جانے لگا۔۔۔ جن عقاید کی بنیاد ہی جھوٹ پر قائم ہو اس کے پیروکاروں سے سچائی کے راستوں پر کب چلا جا سکتا ہے۔۔۔ یہ سب تو ہونا ہی تھا، خاصکر جب سرکار ہندو ہونے کا بلکہ کٹر ہندو ہونے کا مظاہرہ بھی کر چکی ہو۔۔۔ الغرض ہندوازم پر بحث کی شروعات بھی ہوئی اور خوب ہوئی کہ سیکولرازم کا دعوی کرنے والا مغرب نواز نمک حلال میڈیا سب کچھ بھول کر حرکت میں آگیا۔۔۔ کفالت واشتہارات کی ہوڑ میں پروگرام جاری کیے گئے۔۔۔ 'سائی بابا" سے لے کر 'برفانی بابا' تک سب پر خوب بحث کی گئی اور انکی پوجاپاٹ پر "پرشن چن"؟ بھی لگا

دیا گیا۔۔۔ ہندو گرووں، سادھوؤں اور اہل فکر و نظر نے اپنی اپنی رائے پیش کی۔۔۔ کوئی نتیجہ نہیں نکلا۔۔۔ ہاں کچھ حقائق بار دیگر سامنے لائے گئے۔۔۔ ایسا بھی ہوا کہ اکثر بحث میں "ایک ایشور پرماتما" کا ذکر بھی آگیا۔۔۔ چند ہندو گروہ ایک دوسرے کے بنیادی عقائد سے ہی انحراف کر بیٹھے تو چند ہندو دھرم کے معلوم و مشہور بنیادی عقاید سے بھی۔۔۔ کوئی الل ٹپ توجیہات پیش کرنے لگا اور کسی نے اپنے عقائد کی خامیوں پر پردہ ڈالنے کے لئے دیگر مذاہب کو نشانہ بنالیا۔۔۔ ایک گرو نے سائی بابا کو مسلمانوں کا دیوتا قرار دیا اور خوب چیخ پکار کی کہ مسلمان بھی انہیں پوجتے ہیں۔۔۔

ایک بڑے دھرم گرو نے دوسرے دن اس بات کو یہ کہہ کر خارج کر دیا کہ مسلمان جو کہ اپنے نبی کے نام پر جان قربان کرتا ہے لیکن اپنے نبی کی پوجا کبھی نہیں کرتا، تو کسی اور کی پوجا وہ کیسے کرے گا۔۔۔ آریہ سماج کے گرووں نے وحدانیت کا سبق دہرایا جبکہ اکثر سناتھن دھرم یعنی معروف ہندو دھرم کے گرووں نے کروڑوں بھگوان کی پوجا کا پرچار کیا۔۔۔ سائی بابا کے ماننے والے گرووں نے مخالف گرووں سے یہ بھی کہا کہ کروڑوں بھگوان میں چند اور بھی شامل ہو جائیں تو کیا برائی ہے، سب بھگوان کے اوتار ہی ہیں۔۔۔

البتہ یہ سارے دھرم گروان دھوکے باز باباؤں کا ذکر کرنا شاید بھول گئے جنہوں نے بھگوان کا اوتار دھارن کر انسانیت کی دھجیاں اڑا دیں، ان میں گجرات کے آسارام بھگوان کا ذکر سرفہرست ہوتا جو جیل کی ہوا کھا رہے ہیں۔۔۔ جنکی اہلیہ اور جنکے رشتے داروں اور پیروکاروں نے ان کے 'اندر لوک' اور 'کاماستر' کے قصے تفتیش کے دوران دنیا کو سنائے بھی تھے۔۔۔ یہ کوئی ایک مثال میڈیا نے نہیں پیش کی ہے بلکہ آئے دن میڈیا نیا کوئی واقعہ پیش کرتا ہے۔۔۔ الغرض میڈیا میں چند ایک دھرم گرو پرماتما اور آتما کی بات

بھی کرتے رہے اور ایک خدا اور ایک ایشور کو ماننے کی بھی۔۔ حق چھپائے کہاں چھپتا ہے، ہر دور میں ہر طرح سے 'ہٹ' کرتا ہے۔۔ پھر چاہے اسے غیر مسلم چھپائیں یا انکار کریں یا مسلمان اسے گہن لگائیں۔۔۔ وہ ہمیشہ "ہٹ" کریگا اور "سپر ہٹ" ہی ہو گا۔۔۔ راجہ جی آپ کو بھی 'ہٹ' کرے گا۔۔۔ آپ مذکورہ حقائق کی روشنی میں حق کو سمجھنے کی کوشش تو کیجئے۔۔ آپ بھی "سوپر ہٹ" ہونگے۔۔۔ ورنہ آپ یا تو حزب مخالف سے 'ہٹ' ہونگے یا آپ کے اپنوں سے۔۔۔ یہی ہندوستان کی ریت رہی ہے اور یہی جعلی جمہوریت کی بھی۔۔۔

***